CATALOGUE

DES TABLEAUX

ÉTUDES PEINTES

DESSINS ET CROQUIS

CATALOGUE
DES TABLEAUX
ÉTUDES PEINTES
DESSINS ET CROQUIS

DE

J.-A.-D. INGRES

PEINTRE D'HISTOIRE, SÉNATEUR, MEMBRE DE L'INSTITUT.

EXPOSÉS DANS LES GALERIES DU PALAIS DE L'ÉCOLE IMPÉRIALE DES BEAUX-ARTS.

PARIS,

TYPOGRAPHIE DE AD. LAINÉ ET J. HAVARD,

RUE DES SAINTS-PÈRES, 19.

1867

La famille et les amis de M. Ingres ont eu la pensée de réunir les œuvres éparses du grand maître
pour les proposer aux artistes et au public comme
un enseignement et comme un exemple. Cette exposition, due à l'initiative privée, a rencontré par-
tout les plus grandes sympathies. M. le sénateur,
surintendant des beaux-arts, a mis à la disposition
du comité d'organisation les salles du palais de
l'École impériale des beaux-arts et les œuvres de
M. Ingres appartenant à l'État; les administrations
départementales ont confié aux amis de l'illustre
peintre tous les tableaux qui font partie des mu-
sées ou des collections publiques de la province ;
tous les amateurs ont généreusement prêté leurs
tableaux ou leurs dessins pour contribuer à rendre

cette exposition posthume aussi complète que pos-
sible. Si quelques toiles justement célèbres, ou si
quelques croquis fort dignes d'être mis sous les yeux
du public ne se trouvent pas réunis ici, on peut af-
firmer que l'ensemble des œuvres exposées donne
une idée bien complète du talent du maître, aux
différentes époques de sa noble existence.

Le produit de cette exposition, augmenté par
des cotisations annuelles, servira à fonder une as-
sociation qui, placée sous le patronage de l'illustre maître, aura pour objet de propager, par le
burin, les principales œuvres de son pinceau et
celles des maîtres du quinzième et du seizième siècle, que le temps nous dispute. Par là, un double
but sera atteint : on entretiendra en France le goût
des grandes choses et on soutiendra l'art de la gravure qui, après avoir brillé d'un si vif éclat dans
notre pays, se voit aujourd'hui menacé de dispa-
raître.

TABLEAUX

ET

ÉTUDES PEINTES.

___

LA VIERGE ET L'ENFANT JÉSUS.

1. Première pensée de la *Vierge à l'Hostie*, tableau possédé aujourd'hui par l'Empereur de Russie. La Vierge, les mains jointes, semble adorer l'Enfant Jésus endormi couché devant elle. M. Ingres, mécontent de son œuvre, avait fait cacher sous une préparation blanche la toile qu'il avait couverte, et M. Raymond Balze, à qui elle avait été donnée, ne parvint qu'à force de patience et de soins à sauver ce précieux tableau.

> Appartient à MM. Paul et Raymond Balze.

2. Etude peinte pour la figure de l'Enfant Jésus dans ce tableau.

> Appartient à M. Gatteaux.

___

JÉSUS AU MILIEU DES DOCTEURS.

3. Ce tableau, qui n'était pas terminé en 1851, lorsque

M. Magimel publia son ouvrage (1), fut repris par M. Ingres et achevé en 1862. Il fut exposé à cette époque au Boulevard des Italiens, dans les salons de M. Martinet, et fut gravé par M. Rosotte pour la *Gazette des Beaux-Arts*. Il est signé : *J. Ingres, pinxit* M.D.CCC.LXII, *ætatis* LXXXII.

Légué par M. Ingres à la ville de Montauban.

4. Cinq têtes d'étude pour ce tableau. Étude peinte signée : *Ingres*.

Appartient à M. Haro.

TÊTE DE CHRIST.

5. Peinture signée : *Ingres.*

Appartient à Mme Ingres.

JÉSUS-CHRIST DONNANT LES CLEFS A SAINT PIERRE.

6. Ce tableau, peint à Rome en 1820, fut exposé en 1855. Il est signé : *J. Ingres, Rom.* 1820. Il a été gravé au trait dans l'ouvrage publié par M. Magimel, et au burin par Pradier. Il était originairement destiné à l'église de la *Trinità de' Monti*, à Rome, mais il fut transporté à Paris, et on mit à la place qu'il avait occupée pendant plusieurs années dans l'église une copie exécutée par M. Murat.

Musée du Luxembourg.

7. Petite esquisse peinte pour ce tableau.

Appartient à Mme Montett-Gilibert.

(1) OEuvre de J.-A. Ingres, membre de l'Institut, gravé au trait sur acier par A. Reveil, 1800-1851 (publié par M. A. Magimel). Paris, 1851, in-4°.

8. Deux études pour le pied gauche du Christ dans ce tableau. Étude peinte signée : *Ingres*.

> Appartient à M. Haro.

9. Saint Matthieu. Étude peinte d'après nature pour la tête de cet apôtre. Elle est signée : *Ingres P.* et fut exposée en 1855.

> Appartient à M. Haro.

MARTYRE DE SAINT SYMPHORIEN.

10. Tableau commandé par l'État. Il est signé : *J.-A. Ingres*, 1834. Il a été gravé au trait dans l'ouvrage publié par M. Magimel, et sur bois dans la *Gazette des Beaux-Arts*, tome V, p. 325. M. Alphonse François termine en ce moment, d'après cette peinture, une estampe pour la chalcographie du Musée du Louvre. Exposé en 1834, puis en 1855.

> Église cathédrale d'Autun.

11. Etudes pour le licteur du premier plan et pour les deux figures qui l'avoisinent, avec treize fragments de figures. Étude peinte signée : *Ingres à Monsieur Henry Delaborde.*

> Appartient à M. le vicomte Henri Delaborde.

12. Toile sur laquelle sont différentes études pour ce tableau : Le Martyr, sa mère, le proconsul et plusieurs études de têtes, de bras et de mains. Étude peinte signée : *Ingres*.

> Appartient à M. Lecomte.

13. Toile sur laquelle sont différentes études pour ce tableau : Le Licteur de droite, l'enfant qui ramasse une pierre, le proconsul et plusieurs étu-

des de figures, de bras et de mains. Étude peinte
signée : *Ingres*.

Appartient à M. Haro.

14. Le Licteur de droite. Étude peinte signée : *Ingres*.

Appartient à M. Haro.

15. Jeune femme tenant son enfant dans ses bras. Etude
peinte signée : *Ingres*.

Appartient à M. Haro.

JUPITER ET THÉTIS.

16. Ce tableau signé : *Ingres, Rome*, 1811, a été gravé
au trait dans l'ouvrage publié par M. Magimel.

Musée d'Aix.

17. Étude pour la tête de Jupiter signée : *J. Ingres,
Roma*, 1818.

Appartient à M. Lecomte.

18. Autre étude pour la tête de Jupiter ; dans celle-ci
le Dieu est vu de profil. Elle est signée : *Ingres*.

Appartient à M. Haro.

ROGER DÉLIVRANT ANGÉLIQUE.

19. Ce tableau signé : *A. Ingres* P^{xit} , *Roma*, 1819, fut
exposé en 1819 et reparut à l'exposition universelle de 1855. Il a été lithographié par Sudre,
puis gravé au trait dans l'ouvrage publié par
M. Magimel.

Musée du Luxembourg.

20. Angélique attachée au rocher. Première pensée du
tableau précédent. Cette étude peinte, signée :

J. Ingres 1859, a été gravée par M. Léopold Flameng dans la *Gazette des Beaux-Arts*. Cette date
indique uniquement l'époque à laquelle M. Ingres
reprit et termina cette toile qui avait été commencée avant l'exécution du tableau du Musée
du Luxembourg.

Appartient à M. Haro.

21. Première pensée pour le tableau précédent. Petite
toile signée : *Ingres*.

Appartient à Mme Hauguet.

OEDIPE EXPLIQUE L'ÉNIGME DU SPHINX.

22. Ce tableau signé : *I. Ingres pingebat* 1808, appartint
à S. A. R. le duc d'Orléans, à la vente duquel il fut
acquis par M. le comte Duchâtel. Il fut exposé
en 1855. Il a été lithographié par Sudre, gravé au
trait dans l'ouvrage publié par M. Magimel, et
M. Gaillard le grave actuellement pour la *Gazette des Beaux-Arts*.

Appartient à M. le comte Duchâtel.

23. Répétition réduite du tableau précédent ; celui-ci
est signé : *Ingres*.

Appartient à M. le comte de La Béraudière.

24. Répétition réduite et avec quelques changements du
même tableau ; cette toile est signée : *J. Ingres
p^{bat} Ætatis LXXXIII*, 1864.

Appartient à M. Émile Pereire.

VÉNUS COUCHÉE.

25. Copie du tableau de Titien exposée à la *Tribune*

dans le musée des *Offices* à Florence. Toile signée :
Ingres d'après le Titien, Florence, 1822.

Appartient à M. Haro.

BAIGNEUSE ASSISE VUE DE DOS.

26. Cette peinture, signée. : *Ingres Rome* 1808, parut
pour la première fois à l'exposition universelle de
1855. Elle fut gravée au trait dans l'ouvrage publié par M. Magimel.

Appartient à M. Valpinçon.

27. Baigneuse vue de dos; dans le fond du tableau plusieurs femmes au bain. Répétition modifiée et
réduite du tableau précédent, signée : *Ingres*,
1828.

Appartient à Mme Hauguet.

BAIGNEUSE.

28. Cette figure à mi-corps est vue de dos. Elle est
signée : 1807, *Roma, Ingres pinxit.*

Appartient à M. Defresne.

ODALISQUE COUCHÉE.

29. Ce tableau signé : *I. A. Ingres P^{at}* 1814. *Rom.* appartint d'abord à M. le comte Pourtalès. Cet amateur
le céda à M. Goupil qui le possédait en 1855, et
il fit partie de l'exposition universelle. Depuis
lors, cette toile, après avoir été en la posses-
sion de M. Joseph Fau, est devenue la propriété de
M. le baron Seillière. L'*Odalisque*, lithographiée
par M. Ingres lui-même en 1825, puis par M. Sudre

en 1826, fut gravée au trait dans l'ouvrage publié
par M. Magimel.

Appartient à M. le baron Seillière.

30. Petite étude peinte, signée au dos de la toile :
Ingres pinxit.

Appartient à Mme Montett-Gilibert, à Montauban.

LA SOURCE.

31. Cette peinture, commencée à Rome vers 1814, fut
terminée en 1856. Elle est signée : *J. Ingres*, 1856.
Elle fut exposée en 1861, au Boulevard des Italiens, dans les salons de M. Martinet, et fut gravée
par M. Léopold Flameng, pour la *Gazette des
Beaux-Arts*.

Appartient à M. le comte Duchâtel.

APOTHÉOSE D'HOMÈRE.

32. Tableau, exécuté pour le plafond de la neuvième
salle du Musée Charles X, au Louvre, et rem-
placé aujourd'hui par une copie de MM. Balze et
Michel Dumas. Il est signé : *Ingres pin^{bat} anno*
1827. Il a été exposé en 1855 et a été gravé au
trait dans l'ouvrage publié par M. Magimel.

Musée du Luxembourg.

33. Étude des pieds de la figure d'Homère.

Appartient à M. Haro.

34. Étude de bras et de mains pour la Gloire ; signée :
Ingres.

Appartient à M. Haro.

35. Prêtre. Étude peinte pour le même tableau et signée : *Ingres*.

> Appartient à M. Haro.

36. L'Odyssée. Étude peinte pour le même tableau et signée : *Ingres*.

> Appartient à M. Haro.

37. Étude des pieds de la figure de l'Iliade, signée : *Ingres*.

> Appartient à M. Haro.

38. Étude pour la tête de l'Iliade, vue de face, signée : *Ingres*.

> Appartient à M. Haro.

39. Autre étude de tête de femme, pour le même tableau, signée *Ingres*.

> Appartient à M. Haro.

40. Phidias. Étude peinte, signée : *Ingres*.

> Appartient à M. Haro.

41. Bras de Phidias. Étude d'après nature, signée : *Ingres*.

> Appartient à M. Henri Lehmann.

42. Deux études de bras pour les figures d'Apelles et de Platon, signées : *Ingres*.

> Appartient à M. Henri Lehmann.

43. Aristote, Aristarque et cinq études de mains, toile signée : *Ingres*.

> Appartient à M. Haro.

44. Pindare offrant sa lyre à Homère. Étude peinte, signée : *Ingres*.

> Appartient à M. Haro.

45. Bras de Pindare. Étude peinte, signée : *Ingres*.

> Appartient à M. Haro.

46. Eschyle. Étude peinte, signée : *Ingres*.

> Appartient à M. Haro.

47. Étude de mains pour la figure de Virgile, et autres études de mains pour le même tableau.

> Appartient à M. Haro.

48. Deux études de têtes signées : *Ingres*.

> Appartient à M. Haro.

49. Raphaël. Bras et mains de Racine. Étude signée : *Ingres*.

> Appartient à M. Henri Lehmann.

50. Têtes et mains de Michel–Ange. Étude signée : *Ingres*.

> Appartient à M. Haro.

51. Dante offrant ses œuvres à Homère. Étude peinte, signée : *Ingres*.

> Appartient à M. Haro.

52. Études pour les mains de Boileau, signées : *Ingres*.

> Appartient à M. Haro.

LES AMBASSADEURS D'AGAMEMNON ENVOYÉS POUR APAISER LE FILS DE PÉLÉE, TROUVENT ACHILLE DANS SA TENTE OCCUPÉ AVEC PATROCLE A CHANTER LES EXPLOITS DES HÉROS.

53. Premier grand prix de peinture, 1801.

> École impériale des Beaux-Arts.

54. Petite reproduction de ce tableau, envoyée par M. Ingres à son père.

Appartient à M. Combes père, de Montauban.

ANTIOCHUS, INSTRUIT DE LA MALADIE DE SCIPION, LUI ENVOIE SON FILS POUR GUÉRIR PAR LA JOIE LE MALAISE DU CORPS.

55. Second grand prix remporté en 1800. Tableau signé : *J. A. D. Ingres p^{xit}* 1800. *Mon premier tableau, 2ᵉ grand prix de Rome.*

Appartient à M. Gatteaux.

LA MALADIE D'ANTIOCHUS ou STRATONICE.

56. Ce tableau, commandé à M. Ingres par S. A. R. le duc d'Orléans, fut acquis en 1853 par M. le prince Demidoff, qui le mit en vente avec d'autres tableaux de sa galerie. Il est signé : *J. Ingres, f^{at}, Rome,* 1840. Il a été gravé au trait dans l'ouvrage publié par M. Magimel, et la figure seule de Stratonice a été lithographiée par M. Raymond Balze.

Appartient à S. A. R. le duc d'Aumale.

57. Répétition réduite et avec beaucoup de changements du tableau précédent ; elle est signée : *J. Ingres, p^{xit}* 1860.

Appartient à M. le comte Duchâtel.

58. Répétition avec de nombreuses différences et en contre-partie du tableau mentionné plus haut ; elle est signée : *Ingres,* 1866.

Appartient à Mme Ingres.

JEANNE D'ARC ASSISTE AU SACRE DE CHARLES VII, DANS LA CATHÉDRALE DE REIMS.

59. Ce tableau signé : *I. Ingres P^{tt}* 1854, fut successivement exposé dans les galeries de Versailles, au Musée du Luxembourg et au Palais du Corps législatif. On le vit pour la première fois à l'exposition universelle de 1855.

Musée du Luxembourg.

60. Etude peinte pour la téte de Jeanne d'Arc, signée : *Ingres.*

Appartient à M. A. Ramel.

FRANÇOISE DE RIMINI.

61. Tableau signé : *Ingres, Rom.,* 1819. Cette toile, acquise par M. Turpin de Crissé, fut léguée, avec toutes les collections de cet amateur, au Musée d'Angers; il a été lithographié par Aubry-Lecomte en 1834.

Musée d'Angers.

RAPHAEL ET LA FORNARINA.

62. Ce tableau a fait partie de la collection de M. le comte Pourtalès; il a été gravé par C. S. Pradier.

Appartient à Mme la baronne Nathaniel de Rothschild.

RAPHAEL ET LA FORNARINA.

63. Petit tableau, variante du tableau précédent; signé : *Ingres à son ami Duban,* 1840.

Appartient à M. Duban.

PHILIPPE V ET LE MARÉCHAL DE BERWICK.

64. Ce tableau signé : *Ingres F^{at} an.* 1818. *Rom.* a été gravé au trait dans l'ouvrage publié par M. Magimel.

Appartient à M. le duc de Fitz-James.

HENRI IV ET SES ENFANTS.

65. Ce tableau est signé : *Ingres* 1828.

Appartient à M. le baron Alphonse de Rothschild.

DON PÉDRO DE TOLÈDE BAISANT L'ÉPÉE DE HENRI IV.

66. Ce tableau, signé : *J. Ingres P^{it}* 1831, a été gravé au trait dans l'ouvrage publié par M. Magimel.

Appartient à Mme Samson-Davilliers.

DON PÉDRO DE TOLÈDE BAISANT L'ÉPÉE DE HENRI IV.

67. Variante du tableau précédent, signée : *J. Ingres, pinx. Roma,* 1820.

Appartient à M. Deymié, à Montauban.

VOEU DE LOUIS XIII.

68. Ce tableau, commencé à Florence en 1821, fut ex-

posé au salon de 1824, puis à l'exposition universelle de 1855. Il a été gravé au trait dans l'ouvrage publié par M. Magimel, et au burin par
M. Luigi Calamatta. Il est signé : *J. Ingres*,
1824.

Église cathédrale de Montauban.

69. Étude peinte pour l'Enfant Jésus.

Appartient à M. P. Débia.

70. Étude peinte pour les Anges qui environnent la
Vierge dans ce tableau, signée : *Ingres*.

Appartient à M. Haro.

71. Étude peinte pour les jambes d'un des Anges qui
environnent la Vierge.

Appartient à M. Henri Lehmann.

CHAPELLE SIXTINE.

72. Un chef d'ordre religieux vient, selon l'usage, avant
de monter en chaire, baiser les pieds du Saint
Père. Ce tableau, signé : *J. Ingres, Rome* 1810, a
été gravé au trait dans l'ouvrage publié par M. Magimel.

Appartient à Mme Hauguet.

CHAPELLE SIXTINE.

73. Le pape tient chapelle. Ce tableau, peint à Rome en
1810, parut au salon de 1814 et à l'exposition universelle de 1855. Il est signé : *Ingres* 1810. *Rom.*

Il fut lithographié par M. Sudre en 1833 et gravé au trait dans l'ouvrage publié par M. Magimel.

Appartient à M. Legentil.

74. Ulysse. Étude peinte, signée : *Ingres*.

Appartient à M. Haro.

75. Tête de jeune fille blonde. Étude peinte vers 1809 et donnée à M. Vallot, par M. Ingres.

Appartient à M. le baron Ath. Rendu.

76. Tête de femme de profil avec une draperie rouge. Étude peinte, signée : *Ingres*.

Appartient à M. Haro.

77. Tête de jeune fille vue de trois quarts. Étude peinte, signée : *Ingres*. Étude pour une des figures du *Martyre de saint Symphorien*.

Appartient à M. Haro.

78. Étude d'homme vu de profil, signée : *Ingres*.

Appartient à M. Haro.

79. Étude de tête pour une figure de Sainte-Mathilde, signée : *Ingres*.

Appartient à Mme Hache.

80. Condottiere. Étude peinte signée : *Ingres*, 1821. *Flor*. Cette étude a servi pour une des figures du *Martyre de saint Symphorien*. La cuirasse a été peinte par le maître vers 1855.

Appartient à M. George de Montbrison.

PORTRAITS PEINTS.

JEUNE HOMME (Portrait).

81. Étude peinte signée : *Moi, Ingres pinxit*, 1804.

Appartient à M. Ricard.

BARTOLINI (Lorenzo).

82. Ce portrait signé : *Bartolini, statuaire, peint par Ingres, à Florence*, 1820, a été gravé en 1836 par Fournier.

Appartient à M. Van Praet.

BELVEZE (M. F.).

83. Portrait peint signé : *Ingres*, 1805.

Musée Ingres, à Montauban.

BERTIN aîné.

84. Ce tableau signé : *J. Ingres pinxit* 1832, fut exposé au salon de 1833, à la salle Bonne-Nouvelle en

1846, puis reparut à l'exposition universelle de 1855. Il a été gravé au burin par M. Henriquel-Dupont, et au trait dans l'ouvrage publié par M. Magimel.

BOCHET (M.).

85. Ce tableau est signé : *Ingres, Rome,* 1811.

CHARLES X, ROI DE FRANCE.

86. Ce portrait signé : *J. Ingres P^{xit}* 1829, a été gravé au trait dans l'ouvrage de M. Magimel.

Appartient à M. Defresne.

CHÉRUBINI COURONNÉ PAR LA MUSE DE LA MUSIQUE.

87. Ce tableau signé : *J. Ingres pinx., Paris,* 1842, a été lithographié par Sudre, et gravé sur bois par Brevière.

Musée du Luxembourg.

CORTOT.

88. Peinture signée : *Ingres,* 1815, *à Rome.*

Appartient à Mme la comtesse de Comps.

COUDERC (M.).

89. Portrait peint vers 1805.

Appartient à M. Hippolyte Couderc, à Montauban.

DEVAUÇAY (Madame).

90. Répétition réduite du portrait exposé en 1827 et en
1855 ; elle est signée : *P^{xit} Ingres à Ary Scheffer.*

Appartient à M. Ravergie.

FORGEOT (Madame).

91. Ce portrait signé : *J. Ingres, Rome*, 1811, a été gravé
au trait dans l'ouvrage de M. Magimel.

Appartient à M. Panckoucke.

GONSE (Madame).

92. Ce tableau est signé : 1852, *J. Ingres Pinxit.*

HAUSSONVILLE (Madame la comtesse d').

93. Ce portrait signé : *Ingres*, 1845, fut exposé en
1855. Il a été gravé au trait dans l'ouvrage publié
par M. Magimel.

INGRES Père.

94. Ce portrait, peint à Paris en 1804, fut exposé en
1806 ; il reparut à l'exposition universelle de
1855, et il a été gravé au trait dans l'ouvrage
publié par M. Magimel.

Musée de Montauban.

INGRES (Jean-Auguste-Dominique).

95. Ce portrait signé : *Eff. J. A. Ingres P^or F^it P^is*
1804, fut exposé en 1855 ; il a été gravé au trait
dans l'ouvrage publié par M. Magimel.

Appartient à S. A. I. le Prince Napoléon.

INGRES (J. A. D.).

96. Portrait peint signé : *J. A. Ingres.*

Appartient à Mme Ingres.

INGRES (Madame), née RAMEL.

97. Ce portrait est signé : *I. Ingres P^xit Ætatis LXXIX*,
1859.

LEBLANC (Madame).

98. Ce portrait signé : *Ingres P. flor.* 1823, fut exposé
en 1834 et en 1855 ; il a été gravé au trait dans
l'ouvrage publié par M. Magimel.

MOITESSIER (Madame).

99. Ce portrait est signé : *J. Ingres*, 1856 *æt. LXXVI*.

MOLÉ (M. le comte).

100. Ce portrait signé : *J. Ingres pinxit*, 1834, fut exposé
à la salle Bonne-Nouvelle en 1846, puis reparut
à l'exposition universelle de 1855. Il a été gravé
au burin par M. Luigi Calamatta, et au trait dans
l'ouvrage publié par M. Magimel.

Appartient à M. le Marquis de Laferté.

NORVINS DE MONTBRETON (M. le baron de).

101. Portrait, signé : *Ingres P. Rom.*

NAPOLÉON Ier, EMPEREUR DES FRANÇAIS.

102. Ce tableau, exposé au salon de 1806, est signé :
Ingres P^xit *anno* 1806; il a été gravé au trait dans
l'ouvrage publié par M. Magimel.

Hotel Impérial des Invalides.

ROTHSCHILD (Madame la baronne de).

103. Ce portrait signé : *J. Ingres pin^xit* 1848, a été gravé
au trait dans l'ouvrage publié par M. Magimel.

SÉNONNES (Madame la marquise de).

104. Ce portrait est signé sur une carte de visite passée
dans la glace : *Ing. Roma.*

Musée de Nantes.

TALMA (le neveu de).

105. Portrait peint signé au dos de la toile : *Ingres.*
Appartient à M. Perody.

DESSINS ET AQUARELLES.

---

106. Dessin à la plume représentant le dieu Mars, signé : *Ingres fils* 1793.

Appartient à Mme Jules de Malleville, née Combes-Brassard.

107. Dessin à la plume d'après Bouchardon, signé : *Ingres fils*.

Appartient à M. Verdier, à Montauban.

---

108. La Baguette de Moïse se changeant en serpent devant Pharaon. Croquis à la plume, signé : *Ing*.

Appartient à M. Gatteaux.

109. L'Enfant Jésus dans les bras de la Vierge est adoré par saint Antoine de Padoue et saint Léopold. Aquarelle signée : *J. Ingres fec.*, 1855, *à madame Ingres*.

Appartient à Mme Ingres.

110. Étude pour une figure de Vierge, les mains jointes. Dessin à la mine de plomb, signé : *Ingres*.

Appartient à M. E. Minoret.

JÉSUS AU MILIEU DES DOCTEURS.

111. Étude drapée pour un docteur. Dessin à la mine de plomb, signé : *Ingres*.

Appartient à M. Haro.

112. Figure d'homme descendant un degré et fuyant en se bouchant les oreilles. Cette figure, destinée au même tableau, n'a pas été employée. Dessin à la pierre d'Italie, signé : *Ing*.

Appartient à M. Gatteaux.

113. Trois études de mouvements, croquis d'après des modèles de femmes, pour les docteurs dans ce tableau. Dessin à la pierre noire, signé : *Ingres*.

Appartient à M. Auguste Pichon.

JÉSUS-CHRIST DONNANT LES CLEFS A SAINT PIERRE.

114. Première pensée du tableau. Dessin de l'ensemble de la composition à la pierre noire, sur papier calque.

Appartient à M. Gatteaux.

115. Première pensée du tableau. Aquarelle de l'ensemble de la composition, signé : *Ingres inv. et pinxit Roma*, 1815.

Appartient à Mme Hauguet.

116. Figure drapée. Étude d'homme destinée au même tableau et non employée. Dessin à la pierre noire, signé : *Ingres*.

Appartient à M. Haro.

117. Tête d'homme vu de trois quarts dirigé vers la droite avec une grande barbe. Dessin au crayon noir sur papier calque.

Musée de Montauban.

MARTYRE DE SAINT SYMPHORIEN.

118. Dessin de l'ensemble de la composition, mis au carreau et signé : *J. Ingres, P^{xit} Delineavit*.

Appartient à M. Isaac Pereire.

119. Grande lithographie retouchée entièrement par M. Ingres et signée : *I. A. D. Ingres P^{it}*.

Appartient à Mme Ingres.

120. Étude pour la tête du saint. Dessin au crayon noir rehaussé de blanc, signé *Ingres*.

Appartient à M. Haro.

121. Un licteur, puis une étude pour la tête, vue par derrière, et deux études pour les mains du même licteur. Dessin à la pierre d'Italie, signé à l'encre : *Ingres*.

Appartient à M. Henri Lehmann.

122. Études pour les jambes, les bras et les mains du licteur vu de dos. Dessin à la pierre noire, signé : *Ingres*.

Appartient à Mme Hippolyte Flandrin.

123. Figure drapée du licteur qui est à droite dans ce tableau. Dessin à la pierre d'Italie, signé : *Ingres*.

Appartient à M. Henri Lehmann.

124. Étude pour le même licteur, et autre étude pour

le bras du même licteur. Dessin à la pierre noire.

Appartient à M. Auguste Pichon.

125. Tête du même licteur. Dessin au fusain sur papier gris, signé : *Ing*.

Appartient à M. Gatteaux.

126. Enfant nu debout, et une seconde étude pour la tête de cet enfant. Dessin à la pierre d'Italie, signé : *Ingres*.

Appartient à M. Haro.

127. Trois études de bras et de mains pour le même tableau. Dessins à la pierre noire, signés : *Ingr*.

Musée de Montauban.

128. Études à la pierre d'Italie d'un genou, d'une main et d'un pied. Dessin signé : *Ingr*.

Appartient à M. Gatteaux.

129. Étude pour le père de saint Symphorien. Dessin à la pierre d'Italie, signé : *Ingres*.

Appartient à M. Paul Flandrin.

130. Cinq études pour la figure qui est tout à fait à gauche, au premier plan de la composition. Dessin à la pierre noire, signé : *Ingres*.

Appartient à Mme Hippolyte Flandrin.

131. Étude pour la tête de la mère de saint Symphorien. Dessin au crayon noir, signé : *Ingr*.

Appartient à M. Gatteaux.

ROGER DÉLIVRANT ANGÉLIQUE.

132. Première pensée pour la figure d'Angélique. Dessin
à la mine de plomb signé : *Ingres*.

Ce dessin retouché et terminé le 5 janvier
1867 est un des derniers croquis du maître.

Appartient à M. Ph. Burty.

JUPITER ET ANTIOPE.

133. Dessin au crayon noir, signé : *J. Ingres pinxit et
del. Ingres à Monsieur de Monbrison.*

Appartient à M. George de Monbrison.

PHILÉMON ET BAUCIS.

134. Composition entière. Dessin à la mine de plomb
et lavé, signé : *Hommage de haute estime et d'affectueux dévouement. Ingres à Monsieur le
comte de Nieurskerke. Aoust,* 1856.

Appartient à M. le comte de Nieuwerkerke.

135. Petite aquarelle de l'ensemble de la composition,
signée : *A sa bien bonne et digne amie Madame Hennet. Ingres, inv. et delineavit.* 1851.

Appartient à M. Hennet.

L'AGE D'OR.

136. Etude drapée pour la figure de Saturne. Dessin à
la mine de plomb, signé : *Ingres.*

Appartient à M. Haro.

137. Études d'homme et de femme nus debout. Dessin
à la mine de plomb, signé : *Ingres*.

> Appartient à M. le comte Foucher de Careil.

138. Étude de femme nue, les bras levés. Dessin à la
mine de plomb, signé : *Ingr.*

> Appartient à M. Gatteaux.

139. Homme nu assis tenant son genou droit de ses
deux mains. Dessin à la mine de plomb.

> Appartient à M. Gatteaux.

140. Étude d'homme nu, le bras droit levé. Dessin à la
mine de plomb, signé : *Ingr.*

> Appartient à M. Haro.

141. Etude d'homme nu debout, vu de dos. Dessin à la
pierre noire.

> Musée de Montauban.

142. Etude de femme nue debout, le bras droit levé, et
une seconde étude de la tête. Dessin à la mine
de plomb.

> Musée de Montauban.

143. Deux études de femmes nues; l'une d'elles est
couchée sur le ventre; l'autre, assise, tient son
genou de ses deux mains. Ce dessin à la mine
de plomb a été gravé sur bois dans la *Gazette
des Beaux-Arts*, tome IX, page 362.

> Appartient à M. Gatteaux.

144. Deux études de femmes nues agenouillées et les
bras levés. Dessin à la mine de plomb.

> Musée de Montauban.

145. Étude d'homme nu à plat ventre, la tête appuyée

dans la main droite. Ce dessin à la pierre d'Italie signé : *Ingres*, a été gravé sur bois dans la *Gazette des Beaux-Arts*, tom. IX, p. 269.

Appartient à M. Gatteaux.

146. Homme nu assis, tenant sur ses genoux une femme renversée. Dessin à la mine de plomb, signé : *Ing.*

Appartient à M. Gatteaux.

LA SOURCE.

147. Etude pour l'ensemble de cette figure. Études de mains, de bras, de pieds, et croquis pour l'oreille.
Dessin à la mine de plomb, signé : *Ingres*.

Appartient à M. Haro.

148. Étude d'après nature pour la tête. Dessin à la mine de plomb sur papier calque, signé : *Ingres*.

Appartient à M. Haro.

149. Étude des pieds de cette figure et urne que tient la jeune fille. Dessins à la mine de plomb.

Appartiennent à M. Haro.

ODALISQUE AVEC UN ESCLAVE.

150. Dessin de l'ensemble de la composition, il est signé.

Appartient à M. Émile Galichon.

151. Deux études pour la figure de l'odalisque. Dessin à la mine de plomb, signé : *Ingres*.

Appartient à M. Haro.

APOTHÉOSE D'HOMÈRE.

152. Dessin de l'ensemble de la composition. Première pensée du tableau. Dessin à la mine de plomb et lavé, signé : *Ingres inv. et pinxit.*

Appartient à Mme Hauguet.

153. Deux études pour la figure de la Gloire, l'une nue, l'autre drapée. Dessins à la mine de plomb, signés : *Ingres.*

Appartient à M. Haro.

154. Deux études pour la figure de l'Iliade, l'une nue, l'autre drapée. Dessin à la mine de plomb, signé : *Ingres.*

Appartient à M. Haro.

155. Étude nue pour la figure de l'Iliade. Dessin au crayon noir, signé : *Ingres.*

Appartient à M. Haro.

156. Autre étude de femme nue pour la figure de l'Iliade. Dessin à la mine de plomb, signé : *Ing.*

Appartient à M. Aug. Pichon.

157. Deux études pour l'Odyssée, l'une nue, l'autre drapée. Deux dessins à la mine de plomb, signés : *Ingres.*

Appartiennent à M. Haro.

158. Deux études de draperie pour l'Odyssée. Dessins à la mine de plomb rehaussés de blancs, signés : *Ingres.*

Appartiennent à M. Haro.

159. Étude pour les bras de l'Odyssée. Dessin à la
     pierre noire sur papier huilé, signé : *Ingres*.

     Appartient à M. Henri Lehmann.

160. Longin. Dessin au crayon noir et à la mine de
     plomb, signé : *Ingres*.

     Appartient à M. Haro.

161. Virgile. Deux dessins pour la figure de Virgile et
     étude de mains pour la même figure. — Étude
     pour la tête et les mains d'Aristarque. Dessins
     à la mine de plomb, signés : *Ingres*.

     Appartiennent à M. Haro.

162. Trois études de draperies pour la figure de Virgile.
     Dessins à la pierre d'Italie, signés : *Ingres*.

     Appartiennent à M. Henri Lehmann.

163. Etude nue pour la figure d'Eschyle et deux études
     drapées pour la même figure. Dessins à la mine
     de plomb, signés : *Ingres*.

     Appartient à M. Haro.

164. Deux figures, l'une nue, l'autre drapée, pour la
     figure de Phidias. Dessins à la mine de plomb,
     signés : *Ingres*.

     Appartiennent à M. Haro.

165. Étude nue pour la figure d'Alexandre et étude
     pour la draperie de la même figure. Dessin à
     la mine de plomb, signé : *Ingres*.

     Appartient à M. Haro.

166. Deux études, l'une nue, l'autre drapée, pour la
     figure de Pindare. Deux dessins à la mine de
     plomb, signés : *Ingres*.

     Appartiennent à M. Haro.

167. Étude pour les draperies de Molière. Dessin à la
pierre noire, rehaussé de blanc, signé : *Ingres.*

Appartient à M. Haro.

HOMÈRE DÉIFIÉ.

168. Ce grand dessin, signé : *J.-A.-D. Ingres inv. Pinxit
Delineavit* 1865, a été photographié par
M. Marville. Voici la liste des personnages
que M. Ingres a introduits dans cette vaste composition, au centre de laquelle se trouve Homère
ayant à ses pieds l'Iliade et l'Odyssée; nous com-
mençons par les figures qui sont à la droite du
poëte : Linus, Orphée, Hérodote, Stésichon,
Eschyle, Archiloque, Démosthène, Ménandre,
Sophocle, Euripide, Alcée, Alcibiade, Sapho,
Apelles, Licurgue, Pisistrate, Raphaël, Virgile,
Auguste, César, Cicéron, Horace, Mécène, Plu-
tarque, Pétrarque, Dante, Cosme de Médicis, Lau-
rent de Médicis, Politien, François Ier, Léon X,
Jules Romain, Jean Goujon, Winkelmann, la
Fontaine, A. Chénier, Mozart, Pope, Gluck,
Poussin et David. Le jeune servant de l'autel
assis au premier plan figure M. Ingres jeune. A la
gauche d'Homère : Musée, la Gloire, Pindare,
Ictinus, Platon, Socrate, Périclès, Phidias, Aspa-
sie, Anacréon et l'Amour, Michel-Ange, Théo-
crite, Alexandre, Aristarque, Aristote, Ptolé-
mée Philopator, Pline l'Ancien, Pausanias,
Lebrun, Colbert, Louis XIV, Bossuet, Mme Da-
cier, Flaxman, Barthélemy, Longin, Corneille,
Molière, Boileau, Racine et Fénelon.

Appartient à Mme Ingres.

ROMULUS VAINQUEUR D'ACRON.

169. Dessin de l'ensemble de la composition. Première idée du tableau conservé à Rome dans le palais de Saint-Jean de Latran, Dessin à la mine de plomb mis au carreau.

Appartient à M. Gatteaux.

170. Dessin de l'ensemble de la composition à la mine de plomb rehaussé d'aquarelle, signé : *Ingres*.

Appartient à M. Gatteaux.

171. Dessin de l'ensemble de la composition à la mine de plomb et lavé sur papier calque, signé : *Ingres à M. Haro*.

Appartient à M. Haro.

172. Aquarelle de l'ensemble de la composition. M. Ingres s'est représenté assis sur un escabeau en train de peindre le tableau dans la partie haute de l'église de la *Trinità de' Monti*, qui lui servait alors d'atelier. Derrière lui se voient contre une chaise son violon et son archet.

Appartient à Mme Ingres.

173. Aquarelle de l'ensemble de la composition, signée : *Ingres inv. et pinx. Roma in Edibus Monte Cavallo a tempera*, 1816.

Appartient à Mme Hauguet.

174. Dessin de l'ensemble de la composition à la mine de plomb sur papier calque, signé : *J. Ingres in P^t. Roma*, 1808. Ce dessin a été gravé par M. Rosotte, dans la *Gazette des Beaux-Arts*, et par M. William Haussoullier.

Appartient à M. Émile Galichon.

175. Études pour la tête, les bras et les jambes de Romulus. Dessin à la mine de plomb, signé : *Ing.*

Appartient à M. Gatteaux.

176. Étude pour Acron mort. La figure a quatre bras.
Dessin à la mine de plomb, signé : *Ing.*

Appartient à M. Gatteaux.

177. Trois études différentes pour la figure d'Acron.
Dessin à la mine de plomb, signé : *Ing.*

Appartient à M. Gatteaux.

178. Études pour les jambes des personnages qui font
partie du cortége, et projet pour l'enfant qui
porte le casque de Romulus. Dessin à la mine
de plomb.

Appartient à M. Gatteaux.

179. Études de deux figures nues et de jambes pour les
personnages qui font partie du cortége. Dessin
à la mine de plomb, signé : *Ing.*

Appartient à M. Gatteaux.

180. Étude pour le serviteur qui relève le cadavre d'A-
cron. Dessin à la mine de plomb, signé *Ing.*

Appartient à M. Gatteaux.

181. Étude pour le jeune homme qui porte le casque
de Romulus. Dessin à la mine de plomb.

Appartient à M. Gatteaux.

182. Études de deux hommes nus avec des études de
bras et de mains. Dessin à la mine de plomb.

Appartient à M. Gatteaux.

183. Étude de profil pour la figure du jeune homme
qui porte le bouclier et le glaive de Romulus.
Dessin à la mine de plomb, signé : *Ing.*

Appartient à M. Gatteaux.

184. Etude pour le même jeune homme. La figure est
vue de dos. Dessin à la mine de plomb, signé :
Ing.

Appartient à M. Gatteaux.

185. Études pour la tête, les bras et les mains de
l'homme qui sonne de la trompette. Dessin à
la mine de plomb.

Appartient à M. Gatteaux.

ALEXANDRE ET EPHESTION.

186. Dessin lavé, signé : *Ingres, f*.

Appartient à M. Gatteaux.

LES AMBASSADEURS D'AGAMEMNON ENVOYÉS POUR APAISER LE FILS DE PÉLÉE, TROUVENT ACHILLE DANS SA TENTE, OCCUPÉ AVEC PATROCLE A CHANTER LES EXPLOITS DES HÉROS.

187. Dessin de l'ensemble de cette composition, pour
laquelle M. Ingres obtint le grand prix de
Rome ; il est à la plume et lavé. Signé :
Ingres.

Appartient à M. Adolphe Roger.

LA MALADIE D'ANTIOCHUS ou STRATONICE.

188. Première pensée du tableau. Composition très-dif-

férente de celle qui fut exécutée. Dessin à la
mine de plomb et lavé.

Appartient à Mme Hauguet.

189. Étude des draperies de la figure d'Antiochus.
Dessin à la pierre noire.

Appartient à M. Sturler.

190. Études diverses pour les bras de la figure d'Antiochus. Dessin à la mine de plomb, signé à la
plume : *Ingres*.

Appartient à M. Marville.

191. Deux études de femme nue, vue de face et de dos ;
première pensée pour la figure de Stratonice.
Dessin à la mine de plomb, signé : *Ingres*.

Appartient à M. le comte Foucher de Careil.

192. Étude de draperie pour la figure de Stratonice.
Dessin à la pierre noire, signé : *Ingres*.

Appartient à M. E. Minoret.

VIRGILE LISANT L'ÉNÉIDE.

193. Dessin de l'ensemble de la composition à la mine
de plomb, avec des rehauts de blanc, signe :
*A. Ingres inv. pinxit del. Florence, 1822, à son
ami Monsieur Marcotte.*

Appartient à M. Legentil.

194. Dessin à la mine de plomb rehaussé de blanc, signé : *J. Ingres inv. pinx. Rome, del. 1830,
Paris.*

Appartient à Mme Hauguet.

195. Etude pour la figure de Virgile. Dessin à la mine
de plomb.

Appartient à M. Gatteaux.

JEANNE D'ARC.

196. Dessin à la plume, signé : *Ingres*.

Appartient à M. Haro.

FIANÇAILLES DE RAPHAEL ET DE LA NIÈCE DU CARDINAL BIBBIENA.

197. Dessin à la mine de plomb, signé : *Ingres, inv*.
1812. *Rom.*

Appartient à Mme Hauguet.

FRANÇOISE DE RIMINI.

198. Dessin à la mine de plomb de l'ensemble de la
composition signée : *Ingres inv. et fec^it*.

Appartient à Mme Montett-Gilibert.

RAPHAEL ET LA FORNARINA.

199. Dessin de l'ensemble de la composition, à la mine
de plomb, signé : *Ingres fecit* 1825.

Appartient à Mme Hauguet.

200. Étude nue pour la figure de la Fornarina. Dessin
à la mine de plomb, signé : *Ingres à son ami
Sturler*.

Appartient à M. Sturler.

201. Étude nue pour la même figure. Dessin à la mine
de plomb, signé : *Ingres*.

Appartient à M. Haro.

LÉONARD DE VINCI MOURANT DANS LES BRAS DE FRANÇOIS Ier.

202. Première pensée du tableau. Dessin de l'ensemble
de la composition, lavé, et signé : *Ingres inv.*

Appartient à Mme Hauguet.

203. Dessin à la mine de plomb , lavé, de l'ensemble
de la composition, signé : *J. Ingres inv. et pxit.*
1813. *Ro.*

Appartient à M. Haro.

204. Étude pour la figure de Léonard de Vinci mort;
dans cette étude la figure a quatre bras. Dessin
au crayon noir, signé : *Ingres*.

Appartient à M. Jules Richomme.

LE DUC D'ALBE A SAINTE-GUDULE.

205. Dessin de l'ensemble de la composition, signé :
J. Ingres. 1815.

Appartient à M. le comte de Choiseul.

206. Étude pour la tête du duc d'Albe; il est vu de
profil. Dessin au crayon noir, signé : *Ingres*.

Appartient à M. Haro.

HENRI IV JOUANT AVEC SES ENFANTS.

207. Études pour les mains de Marie de Médicis. Dessin
à la mine de plomb, signé : *Ing.*

Appartient à M. Gatteaux.

LE VOEU DE LOUIS XIII.

208. Première pensée pour ce tableau. La Vierge debout,
les mains jointes, contemple le corps mort de
son Fils étendu devant elle. Dessin à la mine
de plomb, signé : *Ing.*

Appartient à M. Gatteaux.

209. Étude de Vierge, les bras levés ; première pensée
pour la figure de Vierge. Dessin à la mine de
plomb, mis au carreau, signé : *Ing.*

Appartient à M. E. Minoret.

210. Étude de draperie pour la figure de la Vierge.
Dessin au crayon noir rehaussé de blanc, signé :
Ingres.

Appartient à M. Haro.

211. Étude de draperies pour la figure de la Vierge.
Dessin à la pierre noire avec rehauts de blanc,
signé : *Ingres.*

Appartient à M. Marville.

212. Autre étude de draperies pour la même figure.
Dessin à la pierre noire, signé : *Ingres.*

Appartient à M. Marville.

213. Deux études de mains pour la figure de la Vierge.
Dessin à la pierre d'Italie.

Appartiennent à M. Gatteaux.

214. Étude de l'Enfant Jésus dans les bras de la Vierge. Dessin à la pierre d'Italie sur papier bleuâtre.

Appartient à M. His de Lassalle.

215. Études d'enfants pour les Anges qui environnent la Vierge dans ce tableau. Dessin à la pierre noire.

Appartient à M. Gatteaux.

216. Étude de draperie pour un des Anges qui environnent la Vierge. Dessin à la pierre noire, signé : *Ingres*.

Appartient à M. Haro.

LE PAPE PIE VII PRIANT DANS L'ÉGLISE DE SAINT-PIERRE DE ROME.

217. Aquarelle, signée : *Ingres. Rome* 1808.

Appartient à M. Haro.

SONGE D'OSSIAN.

218. Aquarelle sur papier calque, signée : *Ingres inv. et pinx. Roma in edibus monte Caval.* 1812.

Appartient à Mme Hauguet.

219. Dessin lavé et rehaussé de blanc pour l'ensemble de la composition, signé : *J. Ingres inv. et pinx.* 1866.

Appartient à M. Léon Bochet.

220. Aquarelle de l'ensemble de la composition, signée : *Ingres Invenit et fecit.*

Appartient à Mme Montett-Gilibert.

LES SEPT VILLES CONQUISES PAR NAPOLÉON Ier.

Dessins à la mine de plomb pour les figures peintes dans les voussures du plafond du salon de l'Empereur à l'Hôtel-de-Ville de Paris ; ils sont signés : *Ingres*.

221. Rome.
222. Vienne.
223. Berlin.
224. Madrid.
225. Milan.
226. Moscou.
227. Le Caire.

Ces sept dessins appartiennent à M. Haro.

228. Étude drapée pour la France. Cette figure se trouve dans le plafond qui orne la même salle. Dessin à la pierre noire rehaussé de blanc, signé : *Ingres*.

Appartient à M. Haro.

PROJET DE TOMBEAU POUR LADY MONTAGUE.

229. Ce dessin lavé, signé : *I. Ingres In^{it} et fecit Roma,* a été gravé au trait dans l'ouvrage publié par M. Magimel, et à l'eau-forte, par M. L. Gaucherel, dans la *Gazette des Beaux-Arts*, tom. IX.

---

230. L'Architecture, la Sculpture et la Peinture. Dessin à la plume sur papier calque. Projet de composition pour la médaille gravée par M. Gatteaux.

Appartient à M. Gatteaux.

231. Vue intérieure de l'église de Sainte-Praxède à Rome. Aquarelle, signée : *Ingres fecit. Rome,* 1810.

Appartient à M. Haro.

232. *Chapelle Borghèse dans l'Église de Sainte-Marie-Majeure, le soir des prières des Quarante-Heures*. Dessin lavé, signé au dos : *Ingres*, 1824.

Appartient à M. Legentil.

233. Intérieur d'un réfectoire décoré de peintures représentant le Christ en croix entouré de la Vierge, de saint Jean et des six autres saints et saintes. Aquarelle.

Appartient à Mme Ingres.

234. Quatre études pour les mains de M. le comte Molé, de S. A. R. le duc d'Orléans, et de M. Bertin. Dessins à la mine de plomb, signés : *Ingres*.

Appartiennent à M. Haro.

DESSINS POUR LES VITRAUX QUI DÉCORENT LES CHAPELLES DE DREUX ET DE SAINT-FERDINAND, A SABLONVILLE, DÉDIÉES A NOTRE-DAME DE LA COMPASSION.

CHAPELLE DE SAINT-FERDINAND.

235. *Saint Philippe*. Carton, signé : *J. Ingres inv. et fecit.* 1842.

Musée du Luxembourg.

236. Dessin à la mine de plomb de la figure drapée.

Appartient à M. Gatteaux.

237. *Saint Rupert*. Carton, signé : *J. Ingres fecit.* 1842.

Musée du Luxembourg.

238. Dessin à la mine de plomb de la figure drapée.

Appartient à M. Gatteaux.

239. *Saint Charles Borromée.* Carton. Dessin passé à l'huile et signé : *J. Ingres inv. fecit.* 1842.

Musée du Luxembourg.

240. Étude pour la figure drapée. Dessin à la mine de plomb.

Appartient à M. Gatteaux.

241. *Saint François d'Assise.* Carton. Dessin passé à l'huile, signé : *J. Ingres inv. et fecit.*

Musée du Luxembourg.

242. Étude d'après nature pour la figure nue. Dessin à la mine de plomb, signé : *Ing.*

Appartient à M. Gatteaux.

243. Étude pour la figure drapée. Dessin à la mine de plomb.

Appartient à M. Gatteaux.

244. *Saint Ferdinand,* roi. Carton, signé : *J. Ingres fecit.* 1842.

Musée du Luxembourg.

245. Dessin à la mine de plomb de la figure drapée.

Appartient à M. Gatteaux.

246. *Saint Raphaël, archange.* Carton.

Musée du Luxembourg.

247. Dessin à la mine de plomb de la figure drapée.

Appartient à M. Gatteaux.

248. *Saint Henri,* empereur. Carton, signé : *J. Ingres fecit.* 1842.

Musée du Luxembourg.

249. Dessin à la mine de plomb de la figure drapée.

Appartient à M. Gatteaux.

250. *Saint Clément*, d'Alexandrie. Carton.

Musée du Luxembourg.

251. Dessin à la mine de plomb de la figure drapée.

Appartient à M. Gatteaux.

252. *Saint Louis*, roi. Carton, signé : *J. Ingres inv. et pinx.* 1842.

Musée du Luxembourg.

253. Dessin à la mine de plomb de la figure drapée.

Appartient à M. Gatteaux.

254. *Saint Antoine de Padoue.* Carton. Dessin passé à l'huile, signé : *J. Ingres fecit* 1842.

Musée du Luxembourg.

255. Étude pour la figure nue. Dessin à la mine de plomb.

Appartient à M. Gatteaux.

256. Étude pour la figure drapée. Dessin à la mine de plomb.

Appartient à M. Gatteaux.

257. *Sainte Adélaïde.* Carton, signé : *J. Ingres inv. et* P^{xit}. 1842.

Musée du Luxembourg.

258. Dessin à la mine de plomb de la figure drapée, avec quantité de croquis pour le sceptre et pour la ceinture de la sainte.

Appartient à M. Gatteaux.

259. *Sainte Hélène*, impératrice. Carton, signé : *J. Ingres fecit*, 1842.

Musée du Luxembourg.

260. Étude nue d'après nature. Dessin à la mine de
plomb.

Appartient à M. Gatteaux.

261. Etude pour la figure drapée. Dessin à la mine de
plomb.

Appartient à M. Gatteaux.

262. *Sainte Rosalie.* Carton, signé : *J. Ingres inv. et
fecit,* 1842.

Musée du Luxembourg.

263. Dessin à la mine de plomb de la figure drapée.

Appartient à M. Gatteaux.

264. *Sainte Amélie*, reine. Carton, signé : *J. Ingres
fecit*, 1842.

Musée du Luxembourg.

265. Étude pour la figure drapée. Dessin à la mine de
plomb.

Appartient à M. Gatteaux.

266. *La Foi.* Carton, signé : *J. Ingres fecit.*

Musée du Luxembourg.

267. Dessin à la mine de plomb. Première pensée pour
cette figure.

Appartient à M. Gatteaux.

268. *L'Espérance.* Carton.

Musée du Luxembourg.

269. Dessin à la plume. Première pensée. Ce dessin a
été gravé en fac-simile, par M. Féart.

Appartient à M. Gatteaux.

270. Dessin à la mine de plomb. Étude pour la figure drapée.

> Appartient à M: Gatteaux.

271. Étude pour la tête seule. Dessin à la mine de plomb.

> Appartient à M. Gatteaux.

272. *La Charité*. Carton.

> Musée du Luxembourg.

273. Dessin à la mine de plomb. Étude pour les figures nues.

> Appartient à M. Gatteaux.

CHAPELLE DE DREUX.

274. *Saint Denis*. Carton, signé : *J. Ingres Pinxit*. 1844.

> Musée du Luxembourg.

275. Dessin à la pierre noire de la figure drapée.

> Appartient à M. Gatteaux.

276. *Saint Remy*. Carton peint à l'huile , signé : *J. Ingres p^{xit}*. 1844.

> Musée du Luxembourg.

277. — Dessin à la pierre noire de la figure drapée.

> Appartient à M. Gatteaux.

278. *Saint Germain*. Carton signé : *J. Ingres pinxit*, 1844.

> Musée du Luxembourg.

279. — Dessin à la pierre noire de la figure drapée.

> Appartient à M. Gatteaux.

280. *Sainte Clotilde*. Carton peint à l'huile, signé :
     J. Ingres P^{xit}. 1844.

     Musée du Luxembourg.

281. Étude d'après nature pour la figure nue. Dessin à
     la mine de plomb, signé : *Ing.*

     Appartient à M. Gatteaux.

282. — Dessin à la pierre noire de la figure drapée.

     Appartient à M. Gatteaux.

283. *Sainte Geneviève*. Carton, signé : *J. Ingres pinxit*,
     1844.

     Musée du Luxembourg.

284. — Dessin à la pierre noire de la figure drapée.

     Appartient à M. Gatteaux.

285. *Sainte Radegonde*. Carton peint à l'huile, signé :
     J. Ingres P^{xit}. 1844.

     Musée du Luxembourg.

286. *Sainte Isabelle de France*. Carton, signé : *J. In-
     gres*, 1844.

     Musée du Luxembourg.

287. — Dessin à la mine de plomb de la figure entière
     et études diverses pour les mains et les draperies.

     Appartient à M. Gatteaux.

288. *Sainte Mathilde*. Carton, signé : *J. Ingres P^{xit}*.
     1844.

     Musée du Luxembourg.

289. — Dessin à la pierre noire de la figure drapée.

     Appartient à M. Gatteaux.

DESSINS SANS DESTINATION CONNUE.

290. Deux études de mains et de pieds, plus une figure
d'homme nu et une figure d'enfant également nu.
Dessin à la pierre noire et à la mine de plomb,
signé : *Ing*.

Musée de Montauban.

291. Etude de jeune homme nu, assis et dessinant. Dessin à la mine de plomb, signé : *Ingres*.

Appartient à M. Haro.

292. Étude d'homme nu assis, la main gauche placée
sous son menton, la main droite appuyée sur son
genou. Dessin à la mine de plomb, signé : *Ingr*.

Appartient à M. Gatteaux.

293. Figure nue assise, le bras droit levé, et différentes
études de jambes, de bras, de pieds et de mains.
Dessins à la mine de plomb, signés : *Ing*.

Appartiennent à M. Gatteaux.

294. Figure debout, étude de draperies. Dessin au fusain sur papier calque.

Appartient à M. Gatteaux.

295. Femme debout vue de dos et drapée. Dessin à la
mine de plomb.

> Appartient à M. Gatteaux.

296. Homme nu assis, tenant une lyre. Dessin à la mine
de plomb sur papier calque, signé : *Ing.*

> Appartient à M. Gatteaux.

297. Homme casqué étouffant un homme entre ses bras.
Dessin à la mine de plomb, signé : *Ingr.*

> Appartient à M. Gatteaux.

298. Etude d'homme nu, les mains derrière le dos. Au
verso se trouve un autre jeune homme nu ap-
puyé sur un bâton. Croquis à la plume.

> Appartiennent à M. Gatteaux.

299. Un homme nu tenant un enfant également nu qui
se bouche les oreilles. Ce dessin à la mine de plomb,
signé : *Ing.*, a été gravé sur bois dans la *Gazette
des Beaux-Arts*, t. XI, p. 38.

> Appartient à M. Gatteaux.

300. Jeune homme nu dansant. Dessin à la pierre d'Italie, signé : *Ingres.*

> Appartient à M. Gatteaux.

301. Deux figures drapées. Dessins à la plume, lavés
au bistre, signés : *Ingr.* Études de la jeunesse
du maître, faites à son arrivée à Paris.

> Appartiennent à M. Gatteaux.

302. Tète de femme vue de trois quarts. Dessin à la
mine de plomb.

> Appartient à M. Gatteaux.

303. Femme nue couchée et études de bras. Dessin à la
mine de plomb, signé : *Ingres.*

> Appartient à M. Haro.

304. Étude de draperies. Dessin au crayon noir.

Musée de Montauban.

305. Douze études de draperies. Dessins à la mine de plomb, signés : *Ing*.

Musée de Montauban.

306. Femme nue relevant un enfant également nu. Dessin à la plume, signé : *Ing*.

Appartient à M. Gatteaux.

COPIES DESSINÉES PAR M. INGRES.

---

307. Bibbiena (le cardinal). Aquarelle, signée : *Raphael pinc. Ingres del.*

Musée de Montauban.

308. Henri VIII, roi d'Angleterre. Dessin à la mine de plomb, d'après un tableau d'Holbein; il est signé : *Holbein pinxit. Ingres deli. Roma.*

Appartient à M. Haro.

309. Marie Tudor. Dessin à la mine de plomb rehaussé d'aquarelle et passé à l'huile, sur papier calque, d'après une peinture d'Holbein appartenant à M. le baron James de Rothschild, signé : *Ingres copia.* M. Ingres fit cette copie en 1861, lorsque le tableau se trouvait dans l'atelier de restauration de M. Haro.

Appartient à M. Haro.

310. Copie d'une faïence italienne du XV⁰ siècle, la Nativité. Aquarelle signée : *Ingres del. d'après une fayance du XV⁰ siècle.*

Appartient à M. Haro.

311. Dessin d'après un tombeau de l'église de Sainte-Françoise-Romaine à Rome. Ce dessin à la mine de plomb porte la mention suivante : *Antonio Rido Patavino sub Eugenio a Santa Francesca Romana. Campo Vacino.*

Musée de Montauban.

PORTRAITS DESSINÉS.

312. Portrait d'homme. Dessin à la mine de plomb,
signé : *Ingres. Rome*, 1812.

> Appartient à M. Émile Galichon.

313. Portrait de femme âgée. Dessin à la mine de plomb,
signé : *Ingres*, 1826.

> Musée de Montauban.

314. Étude de jeune fille. Dessin à la mine de plomb,
signé : *Ingres del.* 1857.

> Appartient à M***.

315. Portrait d'une dame Anglaise vue de trois quarts
et dirigée vers la gauche. Dessin à la mine de
plomb.

> Appartient à M. Gatteaux.

316. Portrait d'une jeune anglaise vue de trois quarts
et dirigée vers la droite. Dessin à la mine de
plomb.

> Appartient à M. Gatteaux.

317. Portrait de jeune fille, les bras croisés. Dessin à la
mine de plomb.

Musée de Montauban.

318. La Jeune Fille au chevreau (Mlle Taurel). Ce dessin
à la mine de plomb, signé : *Ingres del.*, a été
gravé par Dien, dans la *Gazette des Beaux-Arts*.

Appartient à M. Émile Galichon.

BALTARD (M. Victor).

319. Dessin à la mine de plomb, signé : *Offert à madame Baltard. Ingres del. Rome.* 1837. 3o *aoust.*

BALTARD (Madame Victor).

320. Dessin à la mine de plomb, signé : *Offert à son
ami M. V^r Baltard. Ingres del. Rom.* 1836.

BALZE (Madame) mère.

321. Dessin à la mine de plomb, signé : *Ingres à son
ami M. Balze.* 1828.

Appartient à M. Paul Balze.

CARISTIE (M.).

322. Dessin à la mine de plomb, signé : *Ingres à Ca-
ristie. Rome.* 1819.

Appartient à M. Georges Duplessis.

CHARLES X, ROI DE FRANCE.

323. Dessin à la mine de plomb, signé : *Ingres.*

Appartient à M. Haro.

CHARLES X, ROI DE FRANCE.

324. Grand dessin au crayon noir rehaussé de blanc. Étude pour les vêtements du Roi, dans l'ouvrage du Sacre.

Appartient à M. Gatteaux.

CHÉRUBINI.

325. Etude d'après nature. Dessin à la mine de plomb, signé : *Souvenir] d'amitié à Monsieur Thomas. Ingres del.* 1835. *Rome.*

Appartient à M. Ambroise Thomas.

CH..... (MADAME).

326. Dessin à la mine de plomb, signé : *Ingres del.* 1854. Étude pour la tête de *la Gloire* dans l'*Apothéose de Napoléon I*er.

Appartient à M. Chérubini.

CORDIER (M.).

327. Dessin à la mine de plomb, signé : *Ingres. Rome.* 1811.

Appartient à M. de Fleury.

CORTOT.

328. Dessin à la mine de plomb, signé : *Ingres à Cortot,*
1818. *Rome.*

Appartient à Mme la comtesse de Comps.

DEBIA (M.).

329. Dessin à la mine de plomb, signé : *Ingres del. en
hommage à Mme Debia.* 1828.

DEVAUÇAY (Madame).

330. Sépia, signée : *Ingres à Mme Coutan.*

Appartient à Mme Hauguet.

DUBREUIL (Madame Sophie).

331. Dessin à la mine de plomb, signé : *Sophie Dubreuil,
notre sœur. Ingres del.* 1838.

Musée de Montauban.

FLACHERON (Madame).

332. Dessin à la mine de plomb, signé : *Ingres et
Mme Ingres à leur bonne amie Madame Duvi-
tier.*

FLANDRIN (Hippolyte).

333. Dessin à la mine de plomb, signé : *Ingres à son ami
et grand artiste Hyppolite Flandrin.* 1850.

FLANDRIN (Madame Hippolyte).

334. Dessin à la mine de plomb, signé : *Ingres del. à
son ami et son illustre élève H^{te} Flandrin,* 1850.

FLEURY (M. Hubert de).

335. Dessin à la mine de plomb, signé : *Ingres del. à
Madame Louise Marcotte.* 18 octobre 1858.

FLEURY (Madame de).

336. Dessin à la mine de plomb, signé : *Ingres del. à
Madame Marcotte, au Poncelet.* oct. 1848.

FORESTIER (la famille).

337. Ce dessin à la mine de plomb, signé : *Ingres fecit,*
a été gravé au trait dans l'ouvrage publié par
M. Magimel.

Appartient à Mme Hauguet.

GATTEAUX (M.), père.

338. Ce dessin à la mine de plomb, signé : *Ingres fecit*

en hommage à Madame Gatteaux, Nauphle,
3 *sept.* 1828, a été gravé en *fac-simile* par Dien.

GATTEAUX (Madame).

339. Ce dessin à la mine de plomb, signé : *Ingres à son ami Gatteaux,* 1825, a été gravé en *fac-simile* par Dien.

GATTEAUX (M. Edouard).

340. Dessin à la mine de plomb, signé : *Ingres à Rome.* 1813.

GATTEAUX (M. Édouard).

341. Ce dessin à la mine de plomb, signé : *Ingres del.* 1834, *à Madame Gatteaux,* a été gravé en *fac-simile* par Dien.

GILIBERT (M.).

342. Dessin à la mine de plomb, signé : *Ingres dessina son ami Gilibert en* 1829.

Musée de Montauban.

GUILLE (Monsieur, Madame et Mademoiselle).

343. Dessin à la mine de plomb, signé : 1852, *à son cher beau-frère M. Guille. Ingres del.*

GUILLE (Mademoiselle).

344. Dessin à la mine de plomb rehaussé d'aquarelle, signé : *Baby offrant le pain béni a la chapelle de la Vierge dans l'église de Meung le 15 aoust 1856. Son parrain Ingres del.*

GUYET-DESFONTAINES (M.).

345. Dessin à la mine de plomb, signé : *A Madame Guyet Desfontaines. Ingres delineavit.* 1847.

HACHE (M. le docteur Norbert).

346. Dessin à la mine de plomb, signé : *A sa chère belle-sœur Mme Mathilde Ramel. Ingres del.* 1856.

HAUDEBOURT-LESCOT (Madame).

347. Dessin à la mine de plomb, signé : *Ingres à Rome,* 1814.

Appartient à M. Blaise Desgoffe.

H..... (Madame).

348. Dessin à la mine de plomb, signé : *Ingres del. à M. Hauguet,* 1849.

HAUSSONVILLE (Madame la comtesse d').

349. Dessin à la mine de plomb, signé : *Ingres*, 1842.

Appartient à Mme Ingres.

HAUSSONVILLE (Madame la comtesse d').

350. Dessin à la mine de plomb.

Appartient à M. Gatteaux.

351. Études de bras pour ce portrait. Dessin à la pierre noire sur papier calque.

Musée de Montauban.

HAYARD (Monsieur et Mademoiselle).

352. Dessin à la mine de plomb, signé : *Ingres à Mme Hayard. Rome*, 1815.

Appartient à M. Duban.

HAYARD (Madame) et SON ENFANT.

353. Dessin à la mine de plomb, signé : *Ingres à M. Hayard. Rome*, 1815.

Appartient à M. Duban.

HENNET (M.).

354. Dessin à la mine de plomb, signé : *Ingres del. à sa très-excellente amie Madame Hennet*. 1846.

HENNET (Madame E^t.).

355. Dessin à la mine de plomb, signé : *Ingres à son ami et élève Hennet.* 1842.

Appartient à M. Alphonse Hennet.

HERVILLE (Madame la baronne d').

356. Ce dessin à la mine de plomb, signé : *Ingres del. à Madame Marcotte d'Argenteuil*, 1834, a été lithographié par Léon Noël.

Appartient à M. Joseph Marcotte.

HINARD (Madame).

357. Dessin à la mine de plomb, signé : *Ingres del. à son ami Monsieur Balze.* 1828.

Appartient à M. Raymond Balze.

INGRES (Madame) mère.

358. Ce dessin à la mine de plomb a été gravé au trait dans l'ouvrage publié par M. Magimel.

Musée de Montauban.

INGRES (J.-A.-D.).

359. Dessin à la mine de plomb, signé : *Ingres à son ami Monsieur Marcotte. Florence*, 1822.

Appartient à M. Joseph Marcotte.

INGRES (Madame).

360. Dessin à la mine de plomb et lavé.
Musée de Montauban.

INGRES (Madame).

361. Dessin à la mine de plomb, signé : *Ingres fec.*
Mme Ingres à Mlle Maille.
Appartient à M. Gonse, de Rouen.

INGRES (Madame), née RAMEL.

362. Dessin à la mine de plomb, signé : *Madame Dp^{ne}*
Ingres. Ingres del. 1852.

LABROUSTE (M. Henri).

363. Ce dessin à la mine de plomb, signé : *A MM. les*
élèves de M. Labrouste, architecte. Ingres del.
1852, a été gravé en fac-simile par Dien.

L..... (Mademoiselle Louise).

364. Dessin à la mine de plomb, signé : *Ingres.*
Appartient à Mme la comtesse de Comps.

LAVERGNE (M.).

365. Dessin à la mine de plomb, signé : *Ingres à*
Monsieur Balze, 1830, *aoust.*
Appartient à M. Paul Balze.

LAVERGNE (Madame).

366. Dessin à la mine de plomb, signé : *Ingres à Madame Lavergne.*

Appartient à M. Raymond Balze.

LEGENTIL (M.).

367. Dessin à la mine de plomb, signé : *Ingres del. à
Madame Marcotte, au Poncelet.* 29 *aoust* 1846.

LEGENTIL (Madame, née Marcotte).

368. Dessin à la mine de plomb, signé : *Ingres del. à
Madame Marcotte, au Poncelet.* 23 *aoust* 1846.

LEHMANN (M. Henri).

369. Dessin à la mine de plomb, signé : *Ingres del. à
son ami et élève Henry Lehmann.* 6 *mai* 1850.

MAGIMEL (M. Albert).

370. Dessin à la mine de plomb, signé : *A son excel-
lente amie Madame Magimel, Ingres l'a offert,*
1850.

MAGIMEL (Madame Amélie).

371. Dessin à la mine de plomb, signé : *Ingres à son
excellent ami Magimel,* 1850.

MARCOTTE (Madame) mère.

372. Ce dessin à la mine de plomb, signé : *Ingres à son ami Monsieur Marcotte*, 1825, a été gravé en *fac-simile*, par M. L. Calamatta.

Appartient à M. Joseph Marcotte.

MARCOTTE (M.).

373. Dessin à la mine de plomb, signé : *Ingres. Rome,* 1811.

MARCOTTE (Madame).

374. Dessin à la mine de plomb, signé : *Ingres à son ami Monsieur Marcotte, le 6 février* 1828.

MARCOTTE (M.).

375. Dessin à la mine de plomb, signé : *Ingres, delineavit,* 1828, *à Madame Marcotte d'Argenteuil.*

MARCOTTE (Madame).

376. Dessin à la mine de plomb, signé : *à mon digne ami M. Marcotte. Ingres del.* 23 *aoust* 1851.

MARCOTTE-GENLIS (M.).

377. Dessin à la mine de plomb, signé : *Ingres à M. Genlis,* 1830.

MARCOTTE (M. Joseph).

378. Dessin à la mine de plomb, signé : *J. Ingres del.
1849, à Madame Louise Marcotte, au Poncelet.*

MARCOTTE (Mlle) (Mme Alexandre Legentil.).

379. Dessin à la mine de plomb, signé : *Ingres à
papa et à maman.* 1830.
Appartient à M. Legentil.

MARTIN (M.).

380. Ce dessin à la mine de plomb, signé : *Ingres à
son ami M. Martin*, 1825, a été gravé par
Calamatta en 1835.
Musée du Luxembourg.

NIEUWERKERKE (M. le comte de).

381. Ce dessin à la mine de plomb rehaussé de blanc,
signé : *Hommage du plus affectueux dévouement, Ingres*, 1856, a été gravé en *fac-simile*
par Dien et Riffaut.

ORLÉANS (S. A. R. le duc d').

382. Dessin à la mine de plomb. Étude pour le portrait
peint du prince.
Appartient à M. Gatteaux.

PRESSIGNY (Mgr DE).

383. Eau-forte, signée : *J. D. Ingres fecit. Roma,* 1816, et contre-épreuve, retouchée et coloriée par M. Ingres.

Appartiennent à M. Gatteaux.

RAMEL (M.).

384. Dessin à la mine de plomb, signé : *J. Ingres del. à sa bonne famille Ramel.* 1852.

Appartient à Mme Ingres.

RAMEL (MADAME).

385. Dessin à la mine de plomb, rehaussé de blanc, signé : *J. Ingres del.* 1852, *à sa bonne famille Ramel.*

Appartient à Mme Ingres.

RAMEL (M. ALBERT).

386. Dessin à la mine de plomb, signé : *Ingres del. à son cher beau-frère Albert Ramel.* 1861.

RAMEL (MADEMOISELLE).

387. Dessin à la mine de plomb, signé : *Ingres del.* 1855, *à Meung. A sa chère belle-sœur Mademoiselle Mathilde Ramel.*

RUTXHIEL (H. J.).

388. Ce dessin à la mine de plomb, signé : *par Ingres Rome* 1809, a été lithographié par Gérard–Fontallard.

Appartient à Mme Duguay.

SIMART (Madame).

389. Dessin à la mine de plomb, signé : *A son ami Simard, Ingres, del.* 1857.

Appartient à M. Baltard.

STAMATY (la famille).

390. Dessin à la mine de plomb, signé : *J. A. Ingres del. Roma.* 1818.

Appartient à M. Camille Stamaty.

STÜRLER (M.).

391. Dessin à la mine de plomb, signé : *Ingres del., à son ami Sturler,* 3 *sept.* 1849.

STÜRLER (Madame Mathilde).

392. Dessin à la mine de plomb, signé : *à mon ami Sturler. J. Ingres, del. oct.* 1861.

TOURNOUER (Madame Cécile).

393. Dessin à la mine de plomb, signé : *à M. Forgeot, son très-affectionné Ingres, del.* 12 *sept.* 1856.

VATINELLE (M. J.).

394. Dessin à la mine de plomb, signé : *Ingres, Rome,* 1820.

VILLERS (M. DE).

395. Dessin à la mine de plomb, signé : *Ingres à Rome,* 181J.

Appartient à M. de Fleury.

WALCKENAER (LE BARON).

396. Ce dessin à la mine de plomb, signé : *Ingres, à son ami Monsieur Marcotte,* 1826, a été lithographié par Léon Noël et par Ch. Bazin.

Appartient à M. Joseph Marcotte.

WALCKENAER (MADAME LA BARONNE).

397. Ce dessin à la mine de plomb, signé : *Ingres à son ami Monsieur Marcotte,* 1829, a été lithographié par Léon Noël.

Appartient à M. Joseph Marcotte.

REPRODUCTIONS

DE QUELQUES OUVRAGES DE M. INGRES NON EXPOSÉS.

---

398. Vénus Anadyomène. Copie sur émail, par M. Paul Balze, du tableau terminé en 1848 et appartenant à M. Frédéric Reiset.

Appartient à M. Gatteaux.

399. Naissance des Muses. Photographie d'après la peinture qui orne le *posticum* du Temple grec exécuté sous la direction de M. Hittorff, pour S. A. I. le prince Napoléon.

400. Plafond et Voussures du salon de l'Empereur à l'Hôtel-de-Ville de Paris.

Émaux exécutés par M. Paul Balze et représentant :

L'Apothéose de Napoléon 1er. — Rome. — Vienne. — Milan. — Naples. — Moscou. — Le Caire. — Berlin. — Madrid.

Appartient au Musée Municipal de la ville de Paris.

401. Portrait de Mme Devauçay. Photographie d'après le portrait peint en 1807, appartient à M. Frédéric Reiset.

SUPPLÉMENT AU CATALOGUE
DES TABLEAUX

ÉTUDES PEINTES, DESSINS ET CROQUIS

DE J.-A.-D. INGRES

Peintre d'Histoire, Sénateur, Membre de l'Institut

EXPOSÉS DANS LES GALERIES DU PALAIS IMPÉRIAL DES BEAUX-ARTS.

Tous les ouvrages mentionnés dans ce supplément ont été confiés par leurs proprié-
taires au Comité d'organisation depuis l'ouverture de l'exposition.

TABLEAUX ET ÉTUDES PEINTES.

JÉSUS-CHRIST DONNANT LES CLEFS A
SAINT PIERRE.

402. Étude peinte pour la figure de saint Paul, signée :
Ingres.

Appartient à M. Lepel-Cointet.

JÉSUS-CHRIST.

403. Cette peinture, signée : *J. Ingres* 1834, a été lithographiée par P. Sudre, en 1841.

Galerie de Pastoret.

LA SAINTE VIERGE.

404. Cette peinture a été lithographiée par P. Sudre,
en 1841.

Galerie de Pastoret.

LA VIERGE A L'HOSTIE.

405. Peinture, signée : *J. Ingres p^it* 1854.

Ministère d'État.

LA SAINTE VIERGE.

406. Dans cette figure, la Vierge a les mains sur la poitrine. Peinture, signée : *J. Ingres p^it* 1858. *Ætatis LXXVIII.*

Appartient à M. Roland-Gosselin.

LA VIERGE COURONNÉE.

407. Peinture, signée : *J. Ingres* 1859.

Appartient à Mme la baronne de Larinthie.

LA VIERGE A L'HOSTIE.

408. Répétition modifiée du tableau possédé par l'empereur de Russie, signé : *J. Ingres p^xit* 1860.

Appartient à M. Knyff.

LA VIERGE A L'HOSTIE.

409. Ce tableau est signé : *J. Ingres* 1866.

Appartient à Mme Ingres.

MARTYRE DE SAINT SYMPHORIEN.

410. Cette réduction du tableau exposé sous le n° 10 est signée : *J. Ingres* 1865.

Appartient à Mme Ingres.

411. Tête de saint, vue de face, étude peinte donnée à Horace Vernet par M. Ingres.

Appartient à M. Philippe Delaroche.

ROGER ET ANGÉLIQUE.

412. Reproduction réduite et modifiée du tableau exposé sous le n° 19. Elle est signée : *Ingres p^{it}*.

> Appartient à M. le comte Henri de Mortemart.

413. Petite étude peinte pour la figure d'Angélique, signée : *J. Ingres.*

> Appartient à M. Gosset.

414. Étude peinte d'après nature pour la figure d'Angélique.

> Appartient à M. Hulot.

---

415. MINERVE.
416. JUPITER.
417. L'AMOUR.
418. MARS.
419. PALLAS.
420. VÉNUS.

De ces six figures peintes sur toile absorbante, deux
seules sont signées I. G.

> Appartiennent à Mme Hittorff.

L'AGE D'OR.

421. Ce petit tableau, signé : *J. Ingres pin^t MDCCCLXII
Ætatis LXXXII*, est une copie très-modifiée de
la peinture commencée et demeurée inachevée
que M. Ingres avait entreprise au château de
Dampierre, appartenant à M. le duc de Luynes.

> Appartient à Mme Ingres.

BAIGNEUSE.

422. Variante du tableau exposé sous le n° 27 et signée :
Ingres 1826.

> Appartient à Mme Blanc.

L'ODALISQUE ET L'ESCLAVE.

423. Cette peinture, signée : *J. Ingres Rom.* 1839, a
été gravée au trait dans l'ouvrage publié par
M. Magimel.

> Appartient à M. Marcotte.

APOTHÉOSE D'HOMÈRE.

424. Étude peinte d'après nature, pour la figure de
Lycurgue, qui se voit à gauche dans cette peinture. Elle est signée : *Ingres.*

> Appartient à M. Armand Cambon.

ESCHYLE, SOPHOCLE ET EURIPIDE.

425. Peinture, signée : *J. Ingres* 1866.

> Appartient à M. Théophile Gautier.

ROMULUS VAINQUEUR D'ACRON.

426. Cette peinture à la détrempe, signée : *Ingres Rome*
1812, fut exécutée pour le palais de *Monte Cavallo.* Elle fut depuis transportée au palais de
Saint-Jean de Latran.

> École impériale des Beaux-Arts.

VIRGILE LISANT L'ÉNÉIDE.

427. Groupe composé seulement des trois figures d'Auguste, d'Octavie et de Livie. Cette peinture, exé-

cutée vers 1820, est la seule étude terminée qui subsiste pour ce tableau, aujourd'hui détruit. La composition entière a été gravée par Pradier.

Musée de Bruxelles.

JEHAN PASTORET, PREMIER PRÉSIDENT DU PARLEMENT DE PARIS, MEMBRE DU CONSEIL DE RÉGENCE, REMETTANT A CHARLES V LES CLEFS DE PARIS.

428. Tableau, signé : *J. Ingres* 1821.

Galerie de Pastoret.

JEANNE D'ARC ASSISTE AU SACRE DE CHARLES VII.

429. Étude peinte d'après nature pour la tête de Jeanne d'Arc.

Appartient à M. Gustave Gruyer.

MORT DE LÉONARD DE VINCI.

430. Ce tableau, signé : *Ingres pin^{tt}* 1818, a été gravé par Richomme et Dien.

Appartient à M. le comte de Blacas.

HENRI IV JOUANT AVEC SES ENFANTS.

431. Ce tableau, signé : *Ingres pin^{it} Roma* 1817, a été gravé par Richomme.

Appartient à M. le comte de Blancas.

VOEU DE LOUIS XIII.

432. Esquisse peinte de la composition entière, signée : *Ingres Flor.* 1822.

Appartient à M. Armand Cambon.

433. Téte de vieillard à grande barbe. Étude peinte à Paris vers 1833.

Appartient à M. Henri Lehmann.

PORTRAIT D'HOMME.

434. Portrait peint, signé : *Ingres Rome.*

Appartient à M. Storillo-Fournier.

AYMON (Madame).

435. Portrait peint, signé : *Ingres* 1806.

Appartient à M. Jacques Reiset.

BROGLIE (Madame la princesse de).

436. Ce portrait peint, signé : *J. Ingres p^it* 1853, a été exposé en 1855.

DÉDEBAN (M.).

437. Portrait peint. Ébauche.

Appartient à M. Jean Gigoux.

DESMARETS (M.).

438. Portrait peint, signé : *Ingres* 1805.

Appartient à M. Danlos aîné.

LEMOYNE (M.).

439. Portrait peint.

Appartient à M. Jean Gigoux.

MARCOTTE D'ARGENTEUIL (M.).

440. Portrait peint, signé : *Ingres pinx. Rome* 1810.

NAPOLÉON (S. A. I. LE PRINCE).

441. Portrait peint en camaïeu, signé : *J. Ingres pinx* 1855.

THOMGUET (MADAME).

442. Portrait peint, signé : *Ingres pin. Flor.* 1821.

TOURNON (MADAME LA COMTESSE DE).

443. Portrait peint, signé : *Ingres Rome* 1812.

DESSINS ET AQUARELLES.

LA VIERGE ET L'ENFANT JÉSUS.

444. Études d'après nature pour l'Enfant qui devait
être couché devant la Vierge. Quatre dessins à
la pierre noire, signés : *Ing.*

Musée de Montauban.

445. Deux études pour les mains de la Vierge, dans le
tableau mentionné plus haut sous le n° 406. Dessins à la pierre noire.

Musée de Montauban.

446. Différentes études pour la Vierge, les mains levées.
Six croquis à la pierre noire et à la mine de
plomb.

Musée de Montauban.

447. Deux études d'après nature pour une figure de
la Vierge. Les figures sont nues. Dessins à la
pierre noire, signées : *Ingres.*

Appartient à M. Armand Leleux.

448. Étude pour une figure de la Vierge. La figure est
drapée. Dessin à la mine de plomb , signé :
Ingres.

Appartient à M. Armand Leleux.

JÉSUS AU MILIEU DES DOCTEURS.

449. Quatre études pour la figure de l'enfant Jésus.
Quatre dessins à la pierre noire et à la mine de
plomb.

Musée de Montaubau.

450. Études pour la figure nue et pour la figure drapée du premier docteur qui est à droite dans le
tableau. Ces études, uniquement destinées à indi-
quer le mouvement, ont été faites par le maître
d'après des modèles de femmes.

Musée de Moutaubau.

451. Étude pour le premier docteur à droite dans ce
tableau. Dessin à la pierre noire, signé : *A son
aimable amie Me Sarrazin de Belmond. Ingres.*

Appartient à Mlle Sarrazin de Belmont.

452. Quatre études pour un des docteurs dans ce tableau. Dessins à la pierre noire.

Musée de Montauban.

453. Études pour les docteurs dans ce tableau. Cinq
dessins à la mine de plomb, à la plume et au
crayon noir.

Musée de Montauban.

454. Sept croquis à la mine de plomb et à la pierre

noire pour des groupes et pour des figures isolées dans ce tableau.

Musée de Montauban.

455. Études de figures nues, de draperies et de livres pour ce tableau. Dessins à la pierre noire.

Musée de Montauban.

MARTYRE DE SAINT SYMPHORIEN.

456. Étude de l'ensemble de la composition avec beaucoup de modifications importantes. Toutes les figures sont nues. Dessin à la mine de plomb, signé : *Ingres à son ami Stürler.*

Appartient à M. Stürler.

457. Deux études pour la draperie du saint. Dessins à la pierre noire, signés : *Ing.*

Musée de Montauban.

458. Étude pour la mère pressant son enfant sur son sein. Dessin à la pierre noire, signé : *Ingres à sa bien bonne amie Me Sarrazin de Belmond,* 1866.

Appartient à Mlle Sarrazin de Belmont.

459. Étude pour le licteur de droite et études de mains et de pieds pour les figures du même tableau. Dessins à la pierre noire, signés : *Ing.*

Musée de Montauban.

460. Études de draperies et études de mains pour les figures qui entourent le saint. Trois dessins à la mine de plomb, signés : *Ing.*

Musée de Montauban.

JUPITER ET THÉTIS.

461. Deux études pour l'aigle qui est à côté de Jupiter.
Dessins à la mine de plomb, et étude pour un
chien, dessin à la pierre noire.

Musée de Montauban.

VÉNUS ANADYOMENE.

462. Étude pour le haut de la figure de Vénus. Dessin
à la pierre noire rehaussé de blanc.

Musée de Montauban.

VÉNUS BLESSÉE.

463. Dessin à la mine de plomb, sur papier calque, de
l'ensemble de la composition.

Musée de Montauban.

464. *Le Jugement de Páris* et quatre figures nues ou
drapées. Cinq dessins à la mine de plomb, signés : *Ing*.

Musée de Montauban.

ROGER ET ANGÉLIQUE.

465. Étude d'après nature pour la figure d'Angélique et
deux études pour la figure de Roger. Trois dessins à la mine de plomb, signés : *Ing*.

Musée de Montauban.

466. Étude d'après nature pour la figure de Roger; elle est nue; et étude pour la tête. Deux dessins à la pierre noire.

Musée de Montauban.

467. Études diverses d'après des jambes de chevaux, etc., huit dessins à la mine de plomb.

Musée de Montauban.

NAISSANCE DES MUSES.

468. Études de femmes nues d'après nature pour cette peinture. Cinq dessins à la pierre noire.

Musée de Montauban.

L'AGE D'OR.

469. Trois dessins différents pour l'ensemble de cette composition. Dessins à la mine de plomb et à l'encre.

Musée de Montauban.

470. Études pour la figure de l'Amour. Deux déssins à la pierre noire.

Musée de Montauban.

471. Astrée. Deux études pour les draperies de cette figure et croquis divers pour ce tableau. Dessins à la mine de plomb.

Musée de Montauban.

472. Astrée. Étude d'après nature; la figure est nue. Dessin à la mine de plomb.

Musée de Montauban.

473. Astrée. Étude d'après nature; la figure est dra-
     pée. Dessin à la mine de plomb, signé à l'encre :
     Ing.

> Musée de Montauban.

474. Deux études pour la femme nue étendue sur le
     dos à gauche au premier plan. Deux dessins à la
     mine de plomb.

> Musée de Montauban.

475. Figure de femme nue. Étude pour une des figu-
     res du premier plan. Dessin à la mine de plomb,
     signé à l'encre : *Ingres*.

> Appartient à M. Sébastien Cornu.

476. Femme nue allaitant deux enfants. Six études pour
     ce groupe. Dessins à la mine de plomb signés :
     Ingres.

> Musée de Montauban.

477. Six études de têtes, de jambes, de dos, etc., des-
     sins à la pierre noire.

> Musée de Montauban.

478. Étude de femme vue de profil, les bras levés, et
     études pour les pieds de la même figure. Des-
     sin à la mine de plomb.

> Musée de Montauban.

LA SOURCE.

479. Étude pour l'ensemble de cette figure. Dessin à la
     pierre noire et deux études à la plume pour la
     Vénus Anadyomène.

> Musée de Montauban.

APOTHÉOSE D'HOMÈRE.

480. Etudes d'après nature pour la figure d'Homère. Dessin à la mine de plomb et à la pierre noire.

Musée de Montauban.

481. Deux études différentes pour les draperies d'Homère. Dessins à la pierre noire rehaussés de blanc.

Musée de Montauban.

482. Deux études pour la figure d'Homère. Dessins à la mine de plomb et à la pierre noire.

Musée de Montauban.

483. Étude nue pour la figure de l'Iliade, et une seconde étude pour le bras droit de la même figure. Dessin à la pierre noire.

Musée de Montauban.

484. Deux études différentes pour la figure drapée de l'Iliade. Dessin à la mine de plomb.

Musée de Montauban.

485. Étude pour l'Odyssée, la figure est drapée; et homme nu vu de dos. Deux dessins à la mine de plomb.

Musée de Montauban.

486. Étude d'après nature pour la figure d'Alexandre, la figure est nue. Dessin à la mine de plomb.

Musée de Montauban.

487. Deux études d'après nature pour la figure de Boileau. Dessins à la mine de plomb et à la pierre noire.

Musée de Montauban.

488. Un homme nu tient un papier à la main, première
pensée pour la figure de Gluck ; et deux études
pour les mains. Trois dessins à la pierre noire.

Musée de Montauban.

489. Trois études de bras et de mains pour les figures
qui sont à la gauche d'Homère dans ce tableau.
Dessins à la pierre noire, signés : *Ing*.

Musée de Montauban.

ALEXANDRE CÉDANT CAMPASPE A APELLES.

490 Ensemble de cette composition non exécutée par
M. Ingres, trois croquis pour cette composition,
plus cinq croquis divers. Neuf dessins à la mine
de plomb, signés : *Ing*.

Musée de Montauban.

LA MALADIE D'ANTIOCHUS OU STRATONICE.

491. Étude pour les bras de Séleucus. Dessin à la pierre
noire, signé : *Ing*.

Musée de Montauban.

VIRGILE LISANT L'ÉNÉIDE.

492. Dessin de l'ensemble de la composition au crayon
noir et à l'estompe, signé à l'encre : *Ingres*.

Appartient à M. Armand Cambon.

493. Ensemble de la composition et six dessins pour les

figures. Sept dessins à la mine de plomb et à la
plume.

Musée de Montauban.

494. Études pour la statue de Marcellus qui domine la
composition. Quatre dessins à la pierre noire,
signés : *Ing*.

Musée de Montauban.

495. Études de têtes, de jambes et de bras pour les figures qui forment cette composition. Cinq dessins
à la mine de plomb, signés : *Ingres*.

Musée de Montauban.

LOUIS XI SE TIRANT LES CARTES.

496. Projet pour un tableau que M. Ingres se proposait
d'exécuter. Étude d'après nature, la tête est celle
du modèle. Dessin au crayon noir rehaussée de
blanc, signé : *Ing*.

Musée de Montauban.

FRANÇOISE DE RIMINI.

497. Dessin à la mine de plomb rehaussé de blanc, signé :
J. Ingres 1857.

Appartient à M. Lecomte.

MORT DE LÉONARD DE VINCI.

498. Dessin à la mine de plomb, signé : *Ingres inv. et
pinxit à monsieur Thévenin*.

Appartient à M. J.-C. Thévenin.

RAPHAEL ET LA FORNARINA.

499. Étude pour les deux figures drapées. Dessin à la
pierre noire, signé: *Ing*.

Musée de Montauban.

---

500. *Naissance de Raphaël entre les Grâces.* Composition non exécutée par M. Ingres, et trois études
diverses pour *Raphaël et la Fornarina*. Quatre
dessins à la mine de plomb, signés: *Ingres*.

Musée de Montauban.

PHILIPPE V ET LE MARECHAL DE BERWICK.

501. Aquarelle, signée : *J.-A.-D. Ingres f^{at}* 1864.

Appartient à Mme Ingres.

DON PEDRO DE TOLÈDE BAISANT L'ÉPÉE DE HENRI IV.

502. Deux études nues d'après nature pour les figures
de Don Pedro et du page qui porte l'épée. Dessins à la mine de plomb.

Musée de Montauban.

HENRI IV ET SES ENFANTS.

503. Dessin à la mine de plomb signé: *Ingres inv. et
pinxit à monsieur Thévenin. Rome* 1819.

Appartient à M. J.-C. Thévenin.

VOEU DE LOUIS XIII.

504. Deux études pour la draperie de la Vierge. Dessin
à la pierre noire signé: *Ing.*

Musée de Montauban.

505. Études d'après nature pour l'Enfant Jésus. Six croquis à la mine de plomb et à la pierre noire, signés: *Ing.*

Musée de Montauban.

CHAPELLE SIXTINE.

506. Quinze croquis divers pour ce tableau. Aquarelles
et dessins à la mine de plomb.

Musée de Montauban.

507. Neuf croquis divers pour ce tableau. Aquarelles et
dessins à la mine de plomb.

Musée de Montauban.

APOTHÉOSE DE NAPOLÉON Ier.

508. Étude pour l'ensemble de la composition. Dessin
à la mine de plomb lavé, signé : *J. Ingres* 1821.

Appartient à M. Petit.

BERLIN.

509. Étude d'après nature. La figure est nue. Dessin à
la pierre noire et à la mine de plomb.

Musée de Montauban.

MILAN.

510. Étude d'après nature. La figure est nue. Dessin à
la pierre noire.

Musée de Montauban.

ROME.

511. Etude d'après nature. La figure est nue. Dessin à
la pierre noire.

Musée de Montauban.

LE CAIRE.

512. Étude d'après nature. La figure est nue. Dessin à
la pierre noire.

Musée de Montauban.

FRONTISPICE DE L'OUVRAGE SUR LE SACRE
DU ROI CHARLES X.

513. Études d'après des femmes nues et drapées pour
ce frontispice. Six dessins à la mine de plomb,
signés: *Ing*.

Musée de Montauban.

514. Études d'après des femmes nues pour le même
frontispice. Quatre dessins à la mine de plomb,
signés: *Ing*.

Musée de Montauban.

SAINTE AMÉLIE.

515. Deux études pour la tête et pour les draperies de
cette figure. Dessin à la mine de plomb.

Appartient à M. Gatteaux.

SAINTE BATHILDE.

516. Étude pour la figure drapée. Dessin à la mine de
plomb.

Appartient à M. Gatteaux.

SAINT DENIS.

517. Dessin à la mine de plomb de la figure nue.

Appartient à M. Gatteaux.

SAINTE ROSALIE.

518. Étude pour la figure drapée. Dessin à la mine de
plomb.

Appartient à M. Gatteaux.

---

519. Cinq études de cuirasses et de casques pour la figure de Roger (Roger et Angélique) et pour le maré-
chal de Berwick recevant l'ordre de la Toison d'or.
Dessins au crayon noir rehaussés de blanc.

Musée de Montauban.

520. Quatre études de femmes nues couchées, vues de
face et de dos. Dessins à la mine de plomb, signés : *Ing.*

Musée de Montauban.

521. Cinq croquis. Une femme couchée, et études de jambes et de bras. Dessins à la pierre noire et à la mine de plomb, signés: *Ing*.

Musée de Montauban.

522. Deux études d'hommes nus debout; l'un d'eux a sept bras. Deux dessins à la mine de plomb.

Musée de Montauban.

523. Jeune homme nu vu de profil et semblant monté sur un cheval. Dessin à la pierre noire, signé: *Ingres*.

Musée de Montauban.

524. Étude d'enfant. Dessin au crayon noir sur papier calque.

Musée de Montauban.

525. Six croquis. Études de chevaux. Dessins à la mine de plomb.

Musée de Montauban.

526. Trois études de draperies. Dessins à la mine de plomb, signés : *Ing*.

Musée de Montauban.

527. Étude de draperies. Dessin à la pierre noire, signé : *Ingres à mademoiselle Sarrazin de Belmont*.

Appartient à Mlle Sarrazin de Belmont.

528. Étude de draperies pour une figure de femme debout, le bras droit levé. Dessin à la pierre noire, signé : *Ing*.

Musée de Montauban.

529. Cinq feuilles de croquis. Dessins à la mine de plomb, signés : *Ing.*

Musée de Montauban.

530. Différentes études de pieds et de mains et croquis pour la tête de saint François. Sept croquis à la mine de plomb et à la pierre noire, signés : *Ing.*

Musée de Montauban.

531. Vue de Tivoli. Dessin à la mine de plomb et lavé, signé : *Ingres del.*

Musée de Montauban.

532. Croquis divers d'après des vases ou des meubles d'Église et quelques études pour des figures drapées. Vingt-quatre dessins à la mine de plomb.

Musée de Montauban.

533. Huit études d'après des peintures et des dessins. Huit dessins à la mine de plomb.

Musée de Montauban.

534. Six croquis à la mine de plomb. Intérieurs de monuments et dessin d'un tombeau.

Musée de Montauban.

535. Cinq feuilles de croquis d'après des monuments existant à Florence. Dessins à la mine de plomb.

Musée de Montauban.

536. Intérieur du dôme de Pise et vue extérieure de l'église de San Vitale à Ravenne, etc. Trois dessins à la mine de plomb.

Musée de Montauban.

537. Autel du *Monasterio Maggiore* à Milan, péristyle
du couvent de Vallombrosa, Chapelle Borghèse,
à Sainte-Marie-Majeure, etc. Sept dessins à la mine
de plomb.

Musée de Montauban.

538. Copie d'un tableau représentant la dédicace de
l'église Saint-Remi de Reims en 1049 par le pape
Léon IX, et six croquis à la mine de plomb.

Musée de Montauban.

539. Enterrement de saint Antonin, évêque de Florence. Deux dessins à la mine de plomb d'après
la peinture de Passignano dans l'église de Saint-
Marc à Florence.

Musée de Montauban.

PORTRAITS DESSINÉS.

540. Portrait de femme en pied, tenant une ombrelle à
la main. Dessin à la mine de plomb, signé : *Ingres del. Flor.* 1823.

    Appartient à M. Albert Goupil.

541. Portrait de femme. Dessin à la mine de plomb,
signé : *A.-J. Ingres à Monsieur Thévenin, Rome*
1817.

542. Portrait d'homme debout; il est coiffé d'un turban.

543. Portrait de femme en pied, également coiffée d'un
turban.

    Appartiennent à M. Varcollier.

Ces deux dessins à la mine de plomb sont des copies en
fac-simile faites par madame Varcollier, élève de
M. Ingres, d'après des originaux aujourd'hui
perdus.

AGOULT (Madame la comtesse d').

544. La fille de madame la comtesse d'Agoult, madame
la comtesse de Charnacé, est assise à côté de sa
mère. Ce dessin à la mine de plomb, signé :
J. Ingres d. 1849, a été gravé par M. Salmon.

BAILLOT (M.).

545. Ce dessin à la mine de plomb, signé : *Ingres de-
lin^vit en hommage à Madame Baillot 25 août*
1827, a été gravé au trait dans l'ouvrage publié
par M. Magimel.

BELJAME (M.).

546. Dessin à la mine de plomb, signé : *Ingres à Rome*
1812.

BERTIN (M.).

547. Première pensée pour ce portrait. Dessin à la mine
de plomb et à la pierre noire, signé : *Ing.*
Musée de Montauban.

BLONDEL (M.)

548. Dessin à la mine de plomb, signé : *Ingres. Rome*
1809.

CHAUVIN (Madame).

549. Dessin à la mine de plomb, signé : *Ingres. Rome*
1812.
Appartient à M. Dubau.

CHARLES X, ROI DE FRANCE. '

550. Deux études nues d'après nature, pour le portrait du Roi. Deux dessins à la mine de plomb, signés : *Ing.* et étude à la pierre noire pour le bras du Roi.

Musée de Montauban.

CHERUBINI.

551. Trois études de draperies pour la Muse de la musique. Trois dessins à la mine de plomb, signés : *Ing.*

Musée de Montauban.

DEFRESNE (M.).

552. Dessin à la mine de plomb, signé : *Ingres del.* 1825.

DEFRESNE (Madame).

553. Dessin à la mine de plomb, signé : *Ingres del.* 1826.

DESTOUCHES (Madame).

554. Dessin à la mine de plomb, signé : *Ingres delineavit Rome* 1816.

DULONG (le général).

555. Ce dessin à la mine de plomb, signé : *Ingres deli. Rome* 1818, a été lithographié par Mme A. Varcollier.

FORSTER (M.)

556. Ce dessin à la mine de plomb, signé : *Ingres fecit,* a été fait au mois de février 1825.

HAYARD (Madame).

557. Dessin à la mine de plomb, signé : *Ingres.*

Appartient à M. Duban.

HITTORFF (M).

558. Dessin à la mine de plomb, signé : *Ingres à Madame Hittorff* 1829.

HITTORFF (Madame).

559. Dessin à la mine de plomb, signé : *Ingres à son ami Hittorff* 1829.

LEPÈRE (M).

560. Dessin à la mine de plomb, signé : *Ingres del. à Madame Lepère* 1831.

LEPÈRE (Madame).

561. Dessin à la mine de plomb, signé : *Ingres del. à Monsieur Lepère* 1830.

LETHIÈRE (Guillon-).

562. Dessin à la mine de plomb.

Appartient à M. Viollet-le-Duc.

MALLET (Madame).

563. Dessin à la mine de plomb, signé : *J. Ingres d. Roma* 1809.

Appartient à M. Labouchère.

MELIER (M. le docteur)

564. Dessin à la mine de plomb, signé : *Ingres del.* 1849.

Appartient à Mme Antonin Desormeaux.

MONTAGUE (Lady).

565. Portrait. La figure est couchée sur un lit de parade. Première pensée pour le dessin catalogué sous le n° 229. Dessin à la mine de plomb sur papier calque.

Musée de Montauban.

MURAT (le prince achille).

566. Dessin à la mine de plomb, signé : *Dessiné d'après nature par moi Ingres Naples*, 1814.

Appartient à Mme Pierret.

MURAT (le prince lucien).

567. Dessin à la mine de plomb, signé : *Dessiné d'après nature par moi Ingres à Naples*, 1814.

Appartient à Mme Pierret.

NAPOLÉON Ier, EMPEREUR.

568. Première pensée du tableau exposé sous le n° 102. Dessin à la plume lavé, signé : *Ingres*.

Appartient à M. Lefuel.

ORLÉANS (S. A. R. le duc d').

569. Étude pour le vêtement de ce portrait. Dessin à la pierre noire rehaussé de blanc sur papier gris.

Musée de Montauban.

PASTORET (LE COMTE AMÉDÉE, DEPUIS LE MARQUIS DE).

570. Étude pour le vêtement dans ce portrait. Dessin
à la pierre noire sur papier gris, signé : *Ing.*

Musée de Montauban.

PASTORET (MADAME LA MARQUISE DE)

571. Dessin à la mine de plomb, signé : *Ingres del. Florence* 1822.

RAOUL-ROCHETTE.

572. Dessin à la mine de plomb, signé : *Ingres.*

RAOUL-ROCHETTE (MADAME).

573. Dessin à la mine de plomb, signé : *Ingres à son ami
et confrère Monsieur Raoul-Rochette* 1830.

RAOUL-ROCHETTE (MADEMOISELLE ANGÉLIQUE).

574. Dessin à la mine de plomb, signé : *Ingres* 1834.

RAOUL-ROCHETTE (MADEMOISELLE JOSÉPHINE).

575. Dessin à la mine de plomb, signé : *Ingres del.* 1834.

ROTHSCHILD (MADAME LA BARONNE DE).

576. Étude pour la robe dans ce portrait. Dessin à la
pierre noire rehaussé de blanc, signé : *Ing.*

Musée de Montauban.

7

THÉVENIN (M.).

577. Dessin à la mine de plomb signé : *Ingres et sa grosse à Madame Delavalette Rome* 1817.

Appartient à M. J.-C. Thévenin.

THOMGUET (M.).

578. Dessin à la mine de plomb, signé : *Ingres del. à Madame Tomgueiz, Florence, ce* 30 *décembre* 1821.

VIOLLET-LE-DUC (Madame).

579. Dessin à la mine de plomb, signé : *Ingres del. à Monsieur Viollet-le-Duc.*

ODALISQUE ET SON ESCLAVE.

580. Dessin de M. J.-C. Thévenin pour la gravure que M. Henriquel-Dupont devait exécuter d'après ce tableau.

Appartient à M. Henriquel-Dupont.

DEUXIÈME SUPPLÉMENT.

TABLEAUX.

FIANÇAILLES DE RAPHAEL ET DE LA NIÈCE DU CARDINAL BIBBIENA.

581. Cette peinture, signée : *Ingres*, a été gravée au trait dans l'ouvrage publié par M. Magimel.

Appartient à M. Giuseppe Tipaldi, de Naples.

PORTRAIT DE Mme LA COMTESSE DE LA RÜE.

582. Portrait peint, signé au dos du panneau : *Ingres*, *an* 12.

DESSINS.

APOTHÉOSE D'HOMERE.

583. Aquarelle de l'ensemble de la composition, signée : *Ingres inv. et pinx. au Musée Charles X.*

Musée de Lille.

PORTRAIT D'HOMME EN PIED.

584. Dessin à la mine de plomb, signé : *Ingres del.* *Florence,* 1823.

Appartient à M. Albert Goupil.